风吹彻

习　习　著

中国西部女作家散文自选丛书

青海人民出版社

图书在版编目（CIP）数据

风吹彻 / 习习著 . -- 西宁 : 青海人民出版社，2018.7
（中国西部女作家散文自选丛书）
ISBN 978-7-225-05614-2

Ⅰ . ①风… Ⅱ . ①习… Ⅲ . ①散文集—中国—当代 Ⅳ . ① I267

中国版本图书馆 CIP 数据核字 (2018) 第 170661 号

中国西部女作家散文自选丛书

风吹彻

习习　著

出 版 人　樊原成
出版发行　青海人民出版社有限责任公司
西宁市五四西路 71 号　邮政编码：810023　电话：（0971）6143426（总编室）
发行热线　（0971）6143516 / 6137730
网　　址　http://www.qhrmcbs.com
印　　刷　陕西龙山海天艺术印务有限公司
经　　销　新华书店
开　　本　850 mm × 1168 mm　1/32
印　　张　6.75
字　　数　100 千
版　　次　2018 年 12 月第 1 版　2018 年 12 月第 1 次印刷
书　　号　ISBN 978-7-225-05614-2
定　　价　32.00 元

目录
Contents

让寒风吹彻

——一次出行的自我对谈

写在前面

1. 关于“XI”和“XI＇”

“XI”和“XI＇”，他们从彼此抽身而出。说不上是前者抽身于后者，还是后者抽身于前者。好像数学中两个相似图形的标示符号，“A、B、C、D”和对应的“A、B、C、D”，它们互为依存、互为身影。在这篇文章里，“XI”和“XI＇”就是这样。

表面上看，这篇文章讲述的是一次出行。“XI”和“XI＇”在其中各有任务，我想让“XI”向“XI＇”设问，由“XI”向“XI＇”

作答。无论设问还是作答，它们彼此启发，一同深入。有此想法后，我心里豁然开朗。不再受制于文体和内容的框限，在相对的自由里，与这次出行的许多有意义的相关，扑面而来。我兴味盎然起来，我发现，更换一种方式，会生成新的样貌。

2. 还是关于“XI”和“XI＇”

这和梦有关。去年岁尾，我做了一个梦。一个男人拉着我的一只手，男人像藏在心底多年的一个让我想念的人，我内心安谧温暖。醒来后，回味这个梦，仿佛初恋，我注视梦里的我，像个女孩一样，她和她喜欢的人手拉着手。是在一个陌生的地方，她对他说，多好看啊——我用我梦里的眼睛看过去，那是一排阳光映照下的姿态各异的山峦。我真想把这个梦做下去，但我醒了。我想到，和年轻时候的梦境已大不相同，现在的梦里已经鲜有微观柔软的事物了，比如某个放大的花朵或果实、一个让人能笑醒的情节等。现在的梦境看上去总是很大，而且不再有那种明媚的颜色了。梦里的我就是“XI＇”，梦外的“XI”在看梦里的“XI＇”。现在，当我随着梦境回味过去，何尝不像“XI”在回味“XI＇”，并且在一个已经回不去的时空维度里。我还想起一部匈牙利电影，片子里反复闪回一片覆盖了薄雪的安静的森林，有两只鹿，一雌一雄，一前一后，它们的眼睛湖水一样清澈。原来，是一男一女两个陌生人反复做的同一个梦境。女主人公是一个自闭冷感的人，之后，两个人因为这个相同的梦走近。同时，梦也打开了女主人公的眼睛，疗救了她对世界的冷漠。森林里那个雌鹿就是“女人”，“女人”出自“女人”的心像，是那个被遮蔽的更本质的潜藏，它需要被磨砺和擦拭后才能出现。

这也是我想到“XI”和“XI＇”的原因。

下面言归正传。

对谈一

XI＇：不过是有关“一次出行”，我们如此正襟危坐地对谈，好像有些小题大做，不像你的风格。如果不是小题大做，那一定勾连着许多看不见的事情。就像镜子，玻璃成不了镜子，让玻璃成为镜子的，是玻璃后面的那层物质。

XI：先讲我们的两个亲人吧，这看起来和“这次出行”隔得很远，但它直接关乎我的内在，所以和“这次出行”无法分离。

先前，一辈子守着兰州的父亲总说想去远处看看。让人欣慰的是，在他行动方便时，我带他去过两个远处：河西走廊和甘南。参加的是集体出游。父亲说，就算不下车，从车窗看看外面也好。外面一闪而过，父亲十分安静地瞩目窗外。我则在车后排的座位上，在激烈的颠簸里睡得死去活来。在甘南，藏族人民用下马酒欢迎外地的客人，父亲开心，那天喝多了青稞酒。从甘南回来的路上，大家看时间尚早，把车停在一个树林边，在林间席地聊天。后来，都上了车，独不见父亲，去找他，发现他踅到树林外面农人家的门口，在人家的麦子地里，摘了一穗麦子、搓了麦芒，正认真地尝着青麦子的味道。

那个时候的父亲，虽然背已弯驼，但腿脚还算灵便。他闲不住，喜欢走路，有时，一天能走半个城。

几年前除夕前的一天，我和姐姐正准备揉面炸油果子，接到一个陌生人的电话，说马路上有个被撞的老人，说是你的父亲。姐姐怕，不敢跑到前面。我飞奔到马路上，看到父亲坐在一摊血上茫然地看着围观的人。眼泪在我眼眶里打圈，感谢上苍，感谢上苍让我们的父亲还能看见我们。马路上散落着父亲给我们买的热板栗和葡萄。父亲的一身老骨头竟然把一个摩托车车头撞烂了。他的胳膊也折了，膝盖露出了骨头。问他那个逃逸的人长啥样子，他说，记不住了，就记得那张脸像个鬼。

这是一场劫难，受劫的远不只是父亲的肉体。之后，他变得恍惚迟缓起来，甚至在一个少有车辆的体育场活动时，被一辆后倒的车撞得跪在地上，坏了膝盖。父亲再也不能走远路了。他越是这样，我越是想起他先前的心愿，他最想去西安或北京，他喜欢古迹多的地方。我后来每坐飞机到一个地方，便想下次可以带他来，但即便在机场里的通道，我用父亲的步子度量，发现行走到出口都很困难。我有时问他想去外地吗，他总是猛烈地摇头，仿佛他从没有过这样的心愿。

XI '：在我们父亲的一生里，许多事都在向着相反的方向发展，他年轻时是一个技艺精湛的木匠，打制过无数精美的木器，但晚年时，他身边没留下一样他打制的东西和用过的工具，他似乎一直在刻意遗忘。年轻时，他经常雄赳赳地唱一句“临行喝妈一碗酒”，年老时，几乎一整天都听不见他的半句声响。年轻时的他刚烈苛责，在家人面前虎豹一般不可一世，到晚年，他孤单哀伤、落寞无助。他已无力远行，他已努力遗忘了很多先前的愿望，我看出，他身上映射的很多东西、他的人生晚境，叫你心里过早地充满寒意。

一个写作者，除了已经习惯体察别人，他还常常旁观自己，比如你这个“XI”此刻看我这个“XI '”，看我这个“XI '”

在很多个深夜，路过一个地方，心疼欲碎。

XI：有一段时间，我觉得自己扛不过去了。每次外出回来，为省钱，坐晚班飞机，深夜到兰州，然后赶坐最后一趟到市区的大巴。大巴沿黄河进城，上桥过河时，我总往桥下长长地望去，黝黑的河水荡漾着破碎的灯光，桥下那块儿河水最湍急的地方，我们曾撒下去了弟弟的骨灰。每到这里，我总想起那个月圆之夜，月亮像一个金色的橘子挂在河上，我不时回头看河，河水流淌，不知弟弟流到了哪里。几乎总是这样，每次出行回来，带着疲惫和满心的忧伤，经过弟弟时常晒太阳的台阶时，总想起他叫我的声音：尕姐，尕姐。

XI'：弟弟叫你的声音，让我想到你写的一篇题为《在人世》的短文，你在里面提到了他：

但在最后，弟弟的小屋忽然间葳蕤起来了。说是邻居搬走了，一屋子的花都给了他。他特别惜爱，恰是冬季，但那些花儿的长势很努力，这于我心里是极大的慰藉，似乎总有些生机勃勃的生命陪着他。我每每去看他时，就觉得他愈加地孤单，血肉一点点地耗尽，对我挣扎着笑时，脸上只剩了肉皮，但他的花儿争奇斗艳精神勃勃。跟着晒进屋里的阳光，他把花儿移来移去。

寒冬深夜，弟弟孤单地走了。之前，我去送他一双棉鞋，出门后，他揭开门帘一直看着我走远，我和他心里都知道，我们的每次见面都可能意味着离别。

我每走过弟弟住过的楼房，总要看他的窗口，我便想起他的样子、他叫我时的声音，“尕姐”“尕姐”，我心疼得就要碎。

弟弟在我们的心里很重，弟弟的一生给你留下了无尽的悲凉，但你没有郑重地写过他。

XI：面对弟弟，我拿不起笔来。他像一块灰暗阴冷的岩石，沉沉地压在我的心里，我还怕心碎，支撑不住自己。弟弟流走了，我希望他流得越远越好，百川归海，我希望他一直流进遥远的大海。我一直在想，要等到他远到找不回来路时，再试着写他。

这何尝不是一次出行呢，一种诀别人世、孤孤单单没有归路的出行。

XI '：所以，当你出行时，你身上背着亲人，或者说，亲人已经住进了你的身体，你已难以抛离他们，这是你先要说两位亲人的原因？

这样看来，和你以往对出行的表达不同，这一次，你想让“一次出行”变成一张渔网，你要把这张渔网撒出去。这张渔网能捕捞到些什么呢？会不会捕捞到的，甚至都不是这次出行本身了？

XI：亲人总是带给我们最刻骨的感受。我说两位亲人，其实不过是个例证。生活里有各种各样有分量的例证。注入我们精神和生命里的东西越来越多，特别是那种沉重幽暗的事物，它们改造我们，也改造我们对待世界、理解世界的方式。亲人们给予我们内心的打造，最为深重、有力和悠长。事实上，也正因为如此的经受和背负，让我的每一次出行，几乎都带着一双重生的眼睛，怀着一种存活于世且尚有力量反观人世的感激之情。

有此种种的例证，注定着我们会带着一个怎样的自己上路。

而这些，已经是那张“渔网”打捞起来的东西。

把“这次出行”当作一张渔网撒入水中，我想看看生活中这样一件类似的事情，到底上下左右会勾连出怎样的意义和启示。渔网渐渐沉入水中，我像一个渔夫满怀期待。有些鱼儿会自己游弋而来，而有些事物会不会像神话，一网上来，里面出现的会是某种魔宝？有很多的可能性和不确定性，这也是我尝试着把这篇文章构造成这个样子的原因，我觉得这样很有意思。那么，既然如此，“这次出行”本身，在我的讲述中，到底能占多少分量，就让它顺其自然吧。

对谈二

XI '：你先前的这段日记，表达了你对出行的一些理解。

每一次出行都是一种打破常规的生活，是对一种被安排了的日常的对抗。出行中，令人沉迷的是，世界永远巨大而陌生，赐予你的是永不枯竭的认知和体验。一次出行，从某种意义上来说，是自己努力来的一种自由积极的生活。（2015.3.9）

你要把自己从一成不变的日常中剥离出来，让你麻木了的神经重新被激活。

最让你在意的是，出行给你的受益和你对出行本身的认知。一个出行者的过去会随着出行改变，包括一些很遥远的过去。还有许许多多可改变你的，蛰伏在即将行进的途中，这种未可知，正是你说的撒下渔网之后渔夫的期待吧。

卡尔维诺在《看不见的城市》中记述，忽必可汗问马可：“为了再度体认过去而旅行？”或者说“为了找回失去的未来？”马可的回答是：“别的地方是一个反面的镜子。旅人看到他拥有的是那么少，而他从未拥有过而且永远不会拥有的是那么多。”一个“一”，永远大于一个“一”。

读万卷书行万里路，古代文人说这话时，心里定然充满愉悦。读书和行路，日积月累地，让此者与他者融合、此时与彼时融合、自我和万物融合，一静一动，阴阳相携，渐至通透之境——有些事物，经过日积月累的改造和沉积，并非老厚到愈加深不见底，而是日臻通透和纯净，比如玉。相对读书，出行是第一手的生活，它鲜活而切身，与读书相互滋养。

但对你而言，除了读书和出行，你还有一件习惯性的事情要做，就是写作，它们三者共同构成再多一重的辅助关系。我想，和你之前讲述我们的父亲和弟弟一样，其实，作为一个写作者，你要表述的“一次出行”，依旧只是生活中的一个例证，一个觉知自己和这个世界的例证或者说方式。是我们所说的撒开的一张“渔网”。

你如此看中出行，在过去的一年里，对大大小小每一次出行都很认真，但你对“这次出行”格外在意，前一夜竟迟迟不能入睡，有什么特别的原因吗？

XI：正是一年的岁尾，几乎每年的岁尾，人们似乎都显得格外不安和慌张，大家深陷躁乱喧嚷，共同搅拌在城市这个大机器中。人们忙于总结和计划，时间的概念压迫追赶着人们。

有一天，我挤在上班公交的人缝里，难以站直身体，看不到一丝窗外，我忽生冲动，如饥似渴地想奔逃到远方，再次奔逃到人迹罕至的河西大漠，奔逃到那个听不到时间的地方。一个你渴念的地方，一定与你的精神和内心有契合之处。你渴念的，正是你亏欠的。我渴念什么？我深深地渴望被那里的寒风吹彻。

我有时会耽于遐想，公元一千多年前唐朝的某个静谧的清晨，一簇露珠在一朵微风吹拂下的鲜丽的牡丹上蹦跳闪烁，或是一个即将拉开夜幕的黄昏，人影憧憧、霓虹渐次亮起迷乱之色，会不会有一介身陷富庶长安，或温软江南的书生，在这样一个通常的清晨或者黄昏，忽然被一首来自大漠边塞的诗歌击中？

“今夜不知何处宿，平沙万里绝人烟。”（岑参《碛中作》）如此的诗句，会不会勾起与家国、大漠、孤寒相关的种种复杂的体味？山水田园诗人画家王维，两次出行塞外，他用文字描绘的“大漠孤烟直，长河落日圆”被千古传诵，但我觉得太静寂太唯美，河西大漠，该是用滞重的铁笔一扫而过。

进入长长的河西走廊，只要进入那个长廊，我便自以为自己。

XI '：从你身上，我仿佛再次看到了我们的父亲，那个坐在车上全神贯注瞩目窗外的父亲。岁月正让你渐渐接近那时候的父亲。火车驶出兰州，经过永登、天祝、武威、金昌、山丹、张掖、临泽、高台、酒泉，到达嘉峪关。这些你熟悉的地方，渐次从你眼前经过，这条路，你曾往返多次，最后，那个冬日里清廓干净的嘉峪关再次出现在你眼前。

在兰州，每每想起遥远的嘉峪关，我还会联想到与它连为一体的一个个边关要塞：玉门关、阳关、河仓城……它们与被时间切割得断断续续的汉代“苇墙”、明代长城、无数个大大小小的烽燧关隘，组成了我个人心目中的古代边关，其间战马奔腾，鸣镝穿梭、狼烟四起，还有在夜风中飘散的羌笛之音。我坐拥丝路重镇，又能怀想丝绸之路那端的河西，心内沉实。我时常默念这些地名，我愿意这些名字里迎面而来的分量不断给予我辽远和苍凉：武威、山丹、张掖、瓜州、玉门、酒泉、嘉峪关、敦煌……

多年前你在《雄关》一文中的这段文字，今天看来还是有效。

你在车上目不转睛。大雪染白了高高的乌鞘岭，而低处的扁都口正袒露着一望无垠的素朴的土地，油菜花盛开时，窗外将何等炫目。如果在山丹下车，你想，焉支山上染红匈奴阏氏面庞的胭脂花儿会不会正在地下做着千年大梦？

出行在外，所思所想重量密集。就算短短几天，带回的东西也总够你反刍良久。

往常，出行归来，你习惯用文字表达出你的出行，但这次不一样，回来后，你旋即投入匆忙的日常，只在安静的夜晚，拿出地图，不厌其烦地端详你走过的地方。你仿佛有话要说，但又迟迟不说。

XI：对大地而言，我们小小的肉身只是浮萍。我渴望这次出行，回来后，不能落笔成文。我想提笔时，既定的思路框限着我，我马上陷入倦怠——很多时候，写作的热情被陈旧和平庸的思维磨蚀。我到底要写些什么？我拿着地图，仔细揣摩了一些天，我凝视着一个个抵达过的地方，山脉、沙漠、古堡，峡谷。在地图上，它们分别对应一些可以念出声音的薄薄的汉字。但我长此以往连点成线地在这个广袤的地方游走后，我再次感知到，这些地方渐渐已宏大为我可以倚靠的地方。已经有细密的根须朝着它的方向生长，我必须懂得更多，与它有更多的心领神会，我的文字才能像树一样长进它坚硬的土里。

对谈三

XI '：所以，面对纸张，你选择了囤积。我想，你是把文字暂时藏进了酒窖，说不准哪一天，一手好酵子就会叫你的

在兰州，每每想起遥远的嘉峪关，我还会联想到与它连为一体的一个个边关要塞：玉门关、阳关、河仓城……

酒窖酒香四溢。

XI：我小时候很喜欢看一个动画片，夜深人静，屋子里闪起金光，“鱼盆鱼盆摇摇，清水清水流流。清水清水流流，金鱼金鱼游游……”清脆稚嫩的歌声响起，多么令人欢喜啊，荷花里跳出一个神仙小渔童，从渔夫捞出的鱼盆里钓出一粒粒亮灿灿的珍珠豆豆。美好的神话慰藉人心，但我也想，对我们正经历着的生活、对我们的思想和表达而言，在内心捕获这样的魔宝，未尝不能。

XI＇：你说，痴迷于地图的人大都是理想家、飞行家。再局部的地图，也大于一个人和他的此生此世。你说写下那些让人深味的古诗句，比如“万里赴戎机，关山度若飞”“云横秦岭家何在，雪拥蓝关马不前”的诗人，都是心藏地图的人。

你看，此刻，我这个“XI＇”正看着夜深人静中的你这个“XI”。灯光打开，周围隐去，只地图亮着。那些地名，你走过的每一个地方，彼时彼刻，浮现在你眼前。

XI：的确，分不清那个看地图的是我这个“XI”，还是你这个“XI＇”；也不知道边看地图边在活页纸上用铅笔写写画画的是我这个“XI”，还是你这个“XI＇”。

活页纸速记

去卯来泉堡的路上

去卯来泉堡的路上，G讲了一件事，大约十年前的事了。我和女友X去民勤，采访一位治沙防沙的老人。住在G介绍的一个同学家。第二天要回兰州，每天只一班长途车，但早上睡过头了。同学的父亲在房门口走来走去，故意碰出声响，我们没动静，又拿扫帚使劲刮地皮一样地扫院子，还是没动静。同学父亲急了，只好让等在门口的长途车司机使劲儿摁喇叭，喇叭吵醒了我们，翻身下炕，直奔上车。同学的父亲先前是位小学老师，他家的高墙土院非常干净，那晚上吃的是洋芋面片，院子里亮一个昏黄的灯泡，吃完就睡了，乡里那么静，心也像洗过一样，就一下子沉沉地睡过去了。十年后才得知还有这样的情节，听着笑。记得同学的父亲，穿一件已经泛白的深蓝色中山装，口袋里插着几支笔。

卯来泉堡

卯来泉堡，一个破败的军事堡子，建于明朝。堡子边有个泉，水面上结着梅花一样的白冰花。堡子北边，隔着荒漠，正对的是横在天边的祁连山，确切地说，是祁连山的一个豁口——蒙古人从南边进关的一个唯一豁口。放眼望去，莽莽苍苍。覆在地上的一层薄雪像一块儿巨大的布幔，从堡子这里一直铺到祁连山上。以堡子为界，南行几步，就落入现实了。地上没了落雪，喜鹊朝着人叫，沙鸡躲着人跑，几个人过来问我们做啥的，我们说来看堡子。我们问他们做啥的，说是守林的。举目四望，北是祁连、南是荒漠，只屈指可数几棵树。看谷歌地图上的堡子，拉远拉远再拉远，堡子像大漠上摆的几粒相向而坐的沙。

祁连山

在卯来泉堡看祁连山，觉得祁连山从来没那样切近过。薄雪刻画着山的一褶一皱，绵延的山像被皴染的巨幅画作一般立在眼前，风夹着雪星子在荒漠乱窜，山上的太阳露出一团蒙蒙的白光。一种弥漫天地的神性深深笼罩着我们，出了那气氛，就觉得一下子从几千年前出来了。

从卯来泉堡到嘉峪关的路上

X 指着戈壁上的一个方向，讲了一件事情。说和丈夫有一次去戈壁深处探访（X 热衷该地的历史文化），快到黄昏时，车陷进了戈壁滩上的一堆沙砾，起初并不怎么担心，想尽所有办法后，车越陷越深。没有做发生意外的打算，也没有留够步行出戈壁的时间，天要黑了，气温越来越低，如果出不了戈壁，后果不堪设想。两人急了，疯了似的开始跑，连滚带爬。是那种天苍苍野茫茫的黑，凭着感觉，朝一个方向使劲跑，终于看到嘉峪关城的第一点灯光时，出乎意料，两个人同时淌下了眼泪。X 把这句话说了两遍，她说：“想到会走不出戈壁，‘唰’地一下，嘴唇上满满地燎起了泡。”

祁连山到黑山

一日之内，从南到北，从祁连山到黑山，感觉奇妙，飞一样。望一眼远处的嘉峪关城楼，当是站在南北两山山谷的细腰处。雪白了祁连山，黑山显得格外黑了。

四道股形沟

四道股形沟，一道切进黑山的峡谷。难记的名字，可能像绞线，山与谷拧成了粗线麻花，不知道是不是有这样的切开黑山的四道长沟，这一道是第四道？先前，在额济纳旗的戈壁滩，看到几个古塔，当地人叫它一塔、二塔、三塔……

卯来泉堡的沙鸡跑到了四道股形沟

黑山岩石上，古人刻的一群沙鸡正向着同一个方向奔跑，一共十三只，好像是卯来泉堡看到的那一群，先于我们摇摇摆摆地赶过来了。沙鸡圆胖，走路摇晃，羽毛是沙土的颜色，它们结群出行。大约最先是鸟儿，平坦的戈壁沙漠上，实在没那么多的地方和树木需要飞上飞下，翅膀就蜕化了，就开始走路，但走起路来，飞快。光秃秃的戈壁滩上藏着什么？叫它们吃得那么胖。

酒泉高出了戈壁

离开卯来泉堡，北行，远远看见戈壁上高出来一个城池，说是酒泉，都觉得奇怪，以前怎么没看到酒泉这么高呢，会不会是海市蜃楼？下车细观，的确是酒泉，酒泉长高了，高出了戈壁滩。

黄草营和贼大阪

黄草营，介于几个地方之间，浮冰一样，与四邻鸡犬相闻的，但是四不靠，四处都管不着它。很多地方都有这样的地儿，这种地方的人有横行混世气。一问，果然是，20 世纪 60 年代，有人开枪杀人，还惊动了首都，当然这是先前的黄草营。贼大阪大致也是后来才有的名字，选一个少人居住的相对平阔的地方，东西南北各色漂流的人聚集在一起，久了，被称为贼大阪。

岩石上跳舞的人

怎么都找不到那幅好几排人跳舞的岩画，领路的人很是惆怅，一路看过来了那么多岩画，偏偏到这最宝贵的一幅，怎么都寻它不着，就仿佛本是奔着皇后去的，一路上看了那么多宫女，到皇后这里时，皇后没影儿了。来回踅了几次，都无果。这倒叫人遐想。说就刻在挨地面不高的岩石上，整整好几排跳舞的小人儿啊。站在领路人意兴阑珊的地方，望过去，刚好是一块儿平地，很适合群舞。找来印刷品端详，长长短短，大致有六排舞者，足有 30 多人的样子，都顶着长帽、着游牧人的裙袍，几乎都是长袖叉腰的姿态，朝着不同的方向，或单手，或双手。几排舞者，好像各有故事，又仿佛互有关联。比起岩刻上很多的骆驼、羊、牛、鹿、狗、虎、兔、鹰、鱼，等等，那些古老的人总叫人格外遐想。

张骞走不出去的地方

G开着车，特意载我们去看那块儿地方，说他考察了很多遍，最后确认就是当年张骞走不出去的那块儿地方。张骞出逃匈奴后，在这里走不出去，只好绕道大宛去找月氏，为了回汉朝，又在这里走不出去，被匈奴俘去一年多。G兴致盎然地要实地讲解张骞走不出去的缘由，可惜路给堵了。

1997年到2014年的一幅岩刻

是今人惊讶的一幅岩刻，和古人相比，用的是比较精细尖锐的工具。属于线刻，画面中心是个貌似变形为高脚杯的人，杯沿上耷着一个果子。让人想象的是刻在一边的一组时间，显然雕刻的人开始雕刻时就留足了地方，从上到下，每年9月底或者10月初，都来这里刻上时间，具体到某日，仿佛在纪念什么。后来，时间长长地坠下来，比那个高脚杯的人都大了，最后，时间停在了2014年9月26日。并非岩石的大小不够他记录了，是时间就停在那里了。

岩刻上的岩刻

刻那个大箭头的人有可能瞎了，他不知道这个潦草难看的箭头刚好刻在几千年的一幅岩画上，那原本是一个猎人，正在追赶他的猎物。这个"瞎子"视若无物般，在猎人身上硬生生刻了一个现代人的实用性大箭头。

一大片芨子

山谷里突然出现一片金黄的枯芨子，在阳光下，芨芒摇着细碎的光。这一大片芨子出现得有些突兀。当地人说，并不奇怪。虽然祁连和黑山一南一北，但祁连雪水一直涵养到了这个山谷。地下水充盈之处，便会生出芨子，有了水草就会有岩羊、鸟儿、野兔来。所以，再看一幅旁边的岩刻，鱼、鹿、老虎、牦牛、羊、蛇、鸡、飞鸟热热闹闹地挤在一处，就不奇怪了。

想在一块岩石上睡一觉

像是从山上落下来的一块岩石，平整黝黑，让一上午的太阳晒热了，真想躺在上面睡一觉。如果香香的一觉一直睡到深夜，那些岩石上跳舞的人、拉弓射猎的人、骑骆驼的人，还有大动物小动物、飞禽走兽们，会不会喧腾得把人吵醒啊。

天门关

天门关，黑山的一个出口，或者说是嘉峪关北面的一个豁口，当和南面卯来泉堡面对的那个祁连豁口一样形胜严峻。在山口一个并不很高的山包上，现在只剩了一个烽燧，许多人猜度它就是史书上记载的天门关。天门关，名字很大，大得当然有理，一夫当关万夫莫开，实至名归。

戈壁滩

冬日的戈壁滩更显现戈壁的本质，强硬、苍凉、一望无垠。风在戈壁上横行，风钻进两边耳郭哨子一样尖啸。风刮走了我的帽子，帽子在戈壁上翻滚。追着帽子跑，无疑是和戈壁滩上的风赛跑。驻足片刻，帽子已跑出我的视野。在我还没被风吹透时，G 说，它可能已经到蒙古了。

对谈四

XI '：你终于说到了风，如果期望“让寒风吹彻”，冬天的河西再合适不过。有一年，在河西瓜州——世界上最大的风口之一，你几乎和那个戈壁上翻滚的帽子一样，被风吹着乱跑。在风里长大的人，身体里都有风声，是天赋如此。城市异化了自然、生命天然的孕床，也阻隔了风、大自然自由轻灵的信使。当你日日陷入喧嚣，混在人群里被城市的机器搅拌，我非常理解你想让寒风吹彻的这份渴望。

XI：每到河西一次，都加深着我对风的理解。对于这个天生带着巨大隐喻的事物，在戈壁上，能得到最切身的领受。

风和时间相似，它们都无形、永恒。作为戈壁滩上看不见的统领，它和同样难显行迹的时间联手，天知道是多么苍茫无尽的理想，让它们那样耐心恒久地打磨着戈壁。

XI '：就像风裹挟着隐喻，我知道你所渴望的“让寒风吹彻”，也包含着隐喻。不仅止于我们上面所说的“一次出行”，或一个例证，应该还有更宽阔的意思。

XI：通过风，能洞见一些事情，一些恒远的可以放眼到未来的事情，这是风给的启示。的确，对我而言，“让寒风吹彻”是物理的，更是精神的。

那就单说风吧。

既然和时间一样，风无形无物，我就用沙说说戈壁上的风。

一位来自都市的昆虫学家，落入了戈壁上的一个沙窝，很深的沙窝，没有任何方法可以爬出来，细沙一刻不停地在风里流泻，为了不致被淹埋，自此以后，他每天的生活就是铲除风吹进的沙子来保全生命，在这个与世隔绝的沙窝里，他重建着生活的理想、秩序，以至于后来虽然有了逃离的机会他也决然放弃。一个人崭新的存在就是这样被日积月累的细沙打磨、重构。而之前，他在文明世界的都市生活，仿佛是一场遥远的幻影。这个故事来自一部色调黝黯的 20 世纪 60 年代的日本电影。

我又想到藏传佛教的沙制坛城，繁复无比的坛城，仿佛美不可及的天国。倾注了制造者无限心血、想象、时间，被赋予了无数意义的沙城，它日趋完美之时也意味着几近虚无空渺之时，当它达到辉煌的顶峰，制造者的双手复又将其变为一盘最本质的沙子。这里面有着怎样无尽的含义？

沙的聚合体，沙丘，戈壁上最奇美的事物，风的杰作。一座移动沙丘就是一个壮美的故事。沙丘是风在尘世的显现，像隐忍的哲学，它单纯虚软但不可撼动，它不可撼动，却又变换无定。风在你的耳朵里歪歪扭扭说着你听不懂的话，当你瞩目沙丘，会发现沙丘活着，它正在一刻不停精细地运动着，一层细沙随着风翻过另一层细沙，它就是博尔赫斯永在流动永无结局的《沙之书》。如果爬上沙丘顶端，你会看到沙脊像锋利的“刀刃”，“刀刃”从你眼前蜿蜒过去，却有着世上最温柔的线条。

沙脊上的沙砾

你这巫

在时针垂立地面的一刻

你一丝不苟地分拣

永不疲倦

左手为阴右手为阳

一面黑夜一面白天

——习习《笔记》

我还想用石头说说戈壁上的风。

浩荡的长风吹打着散布在满戈壁的石头，一种物质被另一种物质天长日久地锻造，软的吹散在风里，硬的立在地上。这些被称为风砺石的石头，千疮百孔、千奇百怪，它们个个独一无二存在于世。它们中的有些吸纳风对抗风，终至磨砺为通透坚硬的玉。

——这是广袤无际的戈壁上一些和风相关的事情，它们简洁、单纯，却又深邃无底，因而，我的言说也将永远在路上。

那天，我踩着戈壁砺石，在一座完美的沙丘几何体前，被风吹着。和我耳朵里的风声一样，我心里也有歌声。

贤良的 生活

锦衣夜行：那一场场风花雪月

一

十几年前的那个冬天，总是下雪。夜晚，在热腾腾的小店里吃羊肉、喝酒。临街的窗玻璃上蒙一层湿气，外面白茫茫的，洪荒一样，仿佛世上只我们几个。有时，太欢乐了，眼泪就淌满一脸。

那时，像吃冰糖一样，能把爱的人嘎嘣嘣咬碎。

时间越过越快，转眼，十几年过去了。那个吃羊肉龇着牙、满指头流油的古马已然安稳儒雅。这天，和古马、凤丽集结一处，说着说着，就很想喝酒，说好一瓶，又开一瓶。和古马一下就说到了十几年前那些个雪天。人生种种，悲欢最是动人，那时，爱恨情仇多么稠密。酒意荡漾开来，忽然有了桃园之义，和古马虎视眈眈望着凤丽，要为她写一个好本子出来。

二

倾慕魏晋文人，飘逸又有风骨。第一次置身嘉峪关外的魏晋墓时，就深为墓穴里的砖画打动。边塞大漠，风吹沙响。那是地底下的繁华锦绣、活色生香，满眼热腾腾的烟火气。总记得让我敬慕的林风眠先生是颇喜欢魏晋墓砖画的。先生深受砖画感染，甚至开了正方小幅尺牍的先河。他画的一幅古代书生，浓郁的魏晋气。一维平薄的侧脸，砖画风格，人类艺术童年的味道。书生立于苍茫中，身外蒹葭浮云几痕，宽衣大袍，精简的铁线描。画幅上，除过宣纸的柔白，一味是清冷的石青色。要超拔于世，必要纠葛，有牺牲，便不似魏晋墓砖上那派欣欣向荣的尘烟气。魏晋人的自由是内外一元的。受过西画训练的风眠先生说他不擅长人物画，特别是肖像，后来的突破口却是戏剧。他偶然进到戏院，兴奋至极，他找到了人物画的摹本：各种脸谱、舞台上行云流水的身姿，当然有爱和恨——画幅上超现实风格的忠奸善恶。一个温良恭俭的文人，受着倾轧，但文字里少有躁怨，这些都被艺术化解了。他在给友人的信中说：

“旧戏里有新鲜丰富的色彩，奇怪的动作，我喜欢那原始的脸谱，画了几十张了，很有趣，这样一画，作风根本改变得很厉害，总而言之，怪得会使许多朋友发呆，也许朋友会说我发狂了。”风眠先生一度远离人群，屋里只一桌一椅一床，他日夜不息地创作、探索。至晚年，更是自由阔达，凭靠想象，画出了所有之前那些被迫毁掉的画。

对艺术家而言，这样的生活，我谓之贤良的生活。

有个深冬，我在农民秀珍家住了几天。夜半下雪了，天窗给雪映得白亮。第二日和秀珍踏着雪在村里转，转到了土地庙，一庙的雪，雪地上尽是鸟儿清浅的爪印，舍不得踩着这幅大画往戏台近处走。秀珍说：“过年那几日一早就来这里敲鼓子，戏台上连着好多天给神仙演大戏，四邻八庄的人都来看，唱的自然是秦腔，雪花子漫天飞舞，戏一喧闹起来，谁还知道冷。”

比起南戏的温婉秀丽，秦腔的北地特色甚是鲜明。但人们常说的“吼秦腔”，并不确切。我记得小时候看秦腔《秦香莲》，香莲给黑包公跪地哭诉，各种新旧愁怨，大珠小珠、弛缓顿切、丝丝入扣。香莲的膝盖都快把地捣碎了，乐器或刚烈或幽咽，时断时续，起承转合，扣人心弦。种种幽微处，断不是吼出来的。我那时那么小，尚不懂深切的悲欢离合，但我的心也疼了。

很多人爱戏爱得痴狂，缘由端的不是那么简单。我深知每一样戏曲都有深广的来路，但一直没有着意地去看戏、体会戏，直到今年早春的一天。傍晚，在雨雪霏霏中，心里怀着一种格外的庄重，像是蓄积好了力量，就等着看这出秦腔《火焰驹》。女主角黄桂英由凤丽出演，同去的还有古马。

三

若露天，戏最宜在夜晚演，黑夜过滤了芜杂的声色，只戏台亮着，一台子明丽锦绣、曲折故事。小时候，乡里演戏，汽灯忽闪忽闪映着戏台，台上是戏，台下也是戏。我在剧院，也喜欢这样的氛围，灯光暗下去了，前奏的梆子响起了，幕布还紧拉着，但一场大戏就要开演了。

火焰驹，一匹千里良马，看完这戏，便记下了艾谦的一段唱词：

跨下了火焰驹四蹄生火

正奔驰又只见星稀月落

加一鞭且从那草坡越过

惊动了林中鸟梦里南柯

哇呀呀，烈马嘶鸣，地动山摇。喝彩声响起，好生喧腾。

这是《火焰驹》的后面了。这戏，开场便是曲折，忠良之家被抄，一家老少流落他乡、悲天跄地。秦腔里，老旦老生的唱腔都开阔厚重，是看透了人世的声音。这老旦，悲怨的哭腔，撕云裂帛。

这壁厢，另一样气氛。两个花季少女来到花园赏花思春，凤丽出演的黄家小姐黄桂英款款出场，风情流转、脚步窸窣、不胜娇弱。戏台上的凤丽全然不是日常的凤丽，我老在想，她在舞台上把戏演足了，生活里倒质朴得紧，不似有些人，平素里也都是表演的样子。桂英一旁是活泼聪慧的丫鬟芸香。好些老戏里，有个美丽的小姐，必有个善解人意的丫鬟，还比如《西厢记》里的莺莺和红娘，《锁麟囊》里的薛湘灵和梅香。我这样看过去，便想，戏里的丫鬟其实就是官家小姐的另一半，那个被压抑着的渴望自由的另一半。周旋在黄梅戏电影《西厢记》里演的红娘，俨然就是主角，活泼泼从羁绊里跳脱出来的小姐。

黄桂英和芸香来到春色满园的花园，这场戏就叫《花园》，唱词也是极为缤纷秾丽：

黄桂英：为遣情思赏秋芳。花园里边眼界广，胜似那整日守闺房。

芸香：满园花儿齐开放，绿树荫浓细草长你看那红似胭脂，白如雪霜。

黄桂英：相辉映。

芸香：处处争妍、簇簇堆锦。

黄桂英：暗生香。

芸香：这一旁碧玉生寒仙人掌，

黄桂英：那一旁娇容带醉秋海棠。

芸香：木槿花儿并蒂放，

黄桂英：白兰花一朵一朵赛琳琅。

芸香：这丛花儿无俗状，

黄桂英：它可与雪中寒梅、雨后晚菊比容光。

芸香：依我看姑娘比它还俊样，芙蓉出水胜淡妆。

秦腔唱词文雅，对白通俗，雅俗交错，文白相加，传统戏曲大略都这样。元人剧本的唱词，哪个不是文采斐然。其实，舞台上只一个花园的布景，那种绚丽和喜悦全是给唱出来、表演出来的。喜悦到极致便用音调极高极华丽的假音彩腔，听得人好不心旌摇荡。

这戏，传说是清中期陕西渭南才子李十三的原创。说的是北宋事，北狄进犯边关，大将李彦荣奉命赴边关抗敌，无奈奸臣奏其叛国投敌，朝廷将其全家赶出汴梁。李家到苏州投靠姻亲黄家,不料黄家反目,硬要退婚。女儿黄桂英誓死不从。一日，彦荣弟彦贵卖水经过黄府花园，丫鬟芸香引他与小姐在花园相会，二人互诉真情，约定当晚在柳荫下赠银。黄府命恶仆在彦贵取银时杀死芸香，并栽赃彦贵，买通官府，将彦贵判成死罪。绝望之际，受过李家搭救的贩马商人艾谦骑火焰驹飞奔边关给彦荣送信。正当行刑彦贵时，彦荣从边关赶到。冤情大白，李府一家团圆，彦贵，桂英结成夫妻。

且说那李彦贵卖水时，被芸香引到花园。还是上面那个花园，但情境一下子变了。这一折叫《园会》。

黄桂英：小鸟哀鸣声不断，它好像与人诉屈冤。是何人将你们双双拆散？看起来你与我同病相怜。

芸香：姑娘莫要太伤感，看看花儿解心烦。你看那点水蜻蜓上下飞翻，

黄桂英：我无心看，

芸香：那边厢恋花蝴蝶往来旋转，

黄桂英：我不喜欢．金鱼呀，金鱼呀，鱼儿结伴戏水面，落花惊散不成欢．我好比镜破月缺谁怜念，不知何日得重圆？

芸香：劝姑娘且把愁眉展，镜破月缺可重圆，岂不闻好事多磨终有盼，同上翠楼把景观。

欢音跌宕到了苦音，所谓情景交融物是人非，观众要的就是个大起大落悲欢离合，这样，戏便是好戏，就算台上台下，哭得个昏天黑地，痛快。

再说《打路》一场，黄桂英心急如焚赶赴刑场，风雨交加。舞台上风驰电掣的奔徙，素白的孝衣上下飘飞、水袖拧绞得愁肠寸断。我看完凤丽的这场，记忆深刻。凤丽是秦腔大师肖玉玲的得意弟子。我亦看了1958年肖玉玲主演的秦腔电影《火焰驹》，真是好，凤丽深得其味。

《红楼梦》里贾母说才子佳人的故事："这些书都是一个套子，左不过是些佳人才子，最没趣儿，把人家女儿说的那样坏，还说是佳人，编的连影儿也没有了，开口都是书香门第，父亲不是尚书就是宰相，生一个小姐必是爱如珍宝，这小姐必是通文知礼、无所不晓，竟是个绝代佳人。只一见了一个清俊的男人，不管是亲是友，便想起终身大事来，父母也忘了，书礼也忘了，鬼不成鬼，贼不成贼，哪一点儿是佳人？……怎么这些书上,凡有这样的事,就只小姐和紧跟的一个丫鬟？”贾母不知，背地里，宝玉黛玉爱西厢爱得紧。

贾母说的都是面上的事儿，才子佳人固然成了套路，但读者和观众就是好这口儿。《红楼梦》演成了越剧，有人几十次看，几十次哭，次次哭得不一样。不同的曲折故事，和《火焰驹》一样，大都是令人慰藉的结局，人们的心是放在腔子里的，要的就是跟着戏里的故事把各种波折走上一场。如果中间实在有个死结，戏走不下去，怎么办？总有办法，比如凌空里艾谦和神马火焰驹出现了。人们的内心都是爱着传奇的，戏剧能满足人们的这个愿望。《窦娥冤》冤到极致后，让老天六月飞雪，也是一种超现实的伸张。结局实在不能把观众屈坏憋坏。先前读唐人传奇《霍小玉传》，故事情节动荡到人的心生生地疼，男主人公李益立下山河日月之盟后杳无音讯，小玉日夜悬想，为打探消息，资材用尽，怀忧抱恨，遂成重疾。真替小玉悲苦到不行，忽地，出来一个黄衫豪客，引李益到霍小玉榻前，小玉历数不幸和怨愤，长恸数声后，气绝身亡。心真的生生地疼，没有那黄衫豪客，小玉这样苦下去怎么办啊。所以，那火焰驹只要在戏台上哇呀呀嘶鸣起来，观众便喝彩欢腾。凤丽演得愈是悲伤难禁、可怜楚楚，那艾谦声振林木的唱腔愈叫人慰藉。

台上，要柳暗花明了。

四

古马，凉州人。在兰州生活了这么多年，张口还是满满的凉州腔。

每听他唱一个凉州小调，总是鼻酸。

我送我的哥哥
庄子北
庄子北上下大雪
早知老天下大雪
我留我的哥哥住一夜
我送我的哥哥红柳坡
红柳坡上红柳多
红柳的叶儿往下落
红绸的裤裤往下脱
……

在兰州，能用凉州腔唱这个悲婉的凉州小调，非古马莫属。

多年前，去过一次古马凉州的老家。农人地里长满蔓菁(《诗经》里谓之“葑”)，走到村外能看到沙漠，夜晚，天上稠密的星斗大得惊人。

凉州，西域古道之要塞，秦腔乐器里的月琴板胡等皆从西域传入。月琴、板胡听上去声寒，有凉州气味。秦腔多杀伐声，也是西域的味道。古马诗歌，有古凉州的大底子。他爱戏，说写诗时能微妙地共鸣到戏曲的张弛感，这该是深入之后方能触摸得到的肌理。

古马的诗有西凉的高古悲亢，大而静，铿锵里藏软。他喜好短句，嶙峋诡丽。他喝酒，一半心思在酒，一半心思在诗，酒喝多了就说诗。他看戏，一半心思在戏，一半心思还在诗。舞台上，皂衣束腰的艾谦正跨着火焰驹在戏台上飞奔边关，这边厢，古马见缝插针拿出他的这首《倒淌河小镇》给我看：

青稞换盐

银子换雪

走马换砖茶

刀子换手

血换亲

兄弟换命

石头换经

风换吼

鹰换马镫

身子换轻

大地返青

羊换的草呀

逐行读过去，都是硌人的骨头，最末一句——“大地返青，羊换的草呀”，动荡得人眼湿。

想起多年前，和古马还有几个南北文友一起去青海湖。黄昏时，我们在湖边的一个帐篷里喝酒，桌上只一个汤盆里盛几条瘦小的湟鱼，酒比汤多。黑夜来临，风涌鼓着帐篷，帐篷外是和天一样大的黝黑的青海湖。古马的凉州小调又唱起来了，风远远近近地吼着，“我送我的哥哥红柳坡，红柳坡上红柳多……”那小调异常孤单寒凉。

眼见着就要手起刀落，戏台上的亲人们就要阴阳相隔了，哇呀呀，火焰驹飞奔而来，冤情大白，亲人团聚。这终是戏的尾声，凤丽几次谢幕，幕布终是拉上了。一场风花雪月的故事落幕了。

从剧院出来，已是深夜，外面还雨雪霏霏的。和古马站在路边说戏说凤丽，雪花飞得寂静，大河就在一旁流淌着，眼前的一切都那么美好，素常的一个夜晚显出格外的诗意来。躺下再看《聊斋志异》，竟又翻到那篇《绿衣人》来。还是才子佳人的故事。书生深夜披诵，一个艳美女子入舍，“绿衣长裙，婉妙无比”，“罗襦既解，腰细殆不盈掬”。书生请女子吟唱一曲，女子婉拒，书生固请之，女子说，非吝惜，恐他人听闻，若必要听，只能微声吟唱。“书上乌桕鸟，嫌奴中夜散，不怨绣鞋湿，只恐郎无伴”，女子声细如蝇，但“婉转滑烈，动耳摇心”。歌毕，女子开门窥看，怕窗外有人，又绕屋外察看一圈。之后便一直忧伤难禁。几番缱绻，更漏将歇。临别时，女子徘徊不已，走出几步又返回央告书生，说今日悲伤异常，还请送出院门，书生将女子送至大门外，女子又说，请一直看着我。书生长望到女子转过房廊，不见半点儿身影时，方返身。

这是我最喜欢的聊斋的篇章之一，读过多次，每读到这里，都无限心伤，蒲松龄写悲欢，万分赤诚。悲剧已定，我却总不喜欢蒲松龄最终的结尾。

——书生方欲归寝，但听得窗外绿衣女急切呼救，奔出，四处察看，了无踪影，但听得檐下有声，细看，见一弹丸大的蜘蛛捕到的一物正哀鸣嘶叫。书生破网将其取下，见是一只绿蜂，已是气息奄奄。放置案头，但见它慢慢登上砚池，投入墨中，再出来，在案上爬行出一个“谢”字，之后飞出窗外，没了音信。

我不喜绿蜂对书生说“谢”字，但也想不出怎样的结尾方是心中的好。

又一场风花雪月。

不知怎的，这气氛暗合《火焰驹》。元朝很多戏剧大家都取材唐传奇，到了《聊斋》，传奇故事更是丰满琳琅，可惜戏剧创作却在渐渐式微。凤丽说眼下的秦腔苦于没有好本子，确乎，除了传统经典剧目，少有新剧为观众叫好。也因此，当京剧大师陈砚秋的代表作《锁麟囊》被改编为秦腔上演北京时，轰动剧坛，女主角薛湘灵就由凤丽出演。

从剧院出来，已是深夜，外面还雨雪霏霏的。

五

几年前，看今村昌平的电影《诸神的欲望》，想起一幕，总怕得厉害。是黑白电影，祭神之日，小舟上一对儿私奔的男女被族人划船追赶，鼓声迫近。大船上，划桨敲鼓者人人戴着巫神的面具，宗教的杀伐，船桨大刀巨斧般砍下，乌黑的血涌出。鼓声再次擂响、渐远，溅了血污的一幅幅面具不动声色，叫人胆颤。好在戏曲里的脸谱是绘在脸上的，即便有固定的程式和意味，但那脸谱绝非石头般阴冷。

我素不喜过于肉感的脸，骨骼清晰，表情才不易模糊。凤丽是陇人，面目清秀，扮起旦角来，妆容甚是惊艳。40多岁，正是好时光，有过往有历练有方向，单听她的唱腔，明丽时薄远嘹亮，沧桑时忧婉老厚。聚在一起，她多是倾听，少有声气，初识她的人，断不能想到，她能在戏台上那样大开大合。

“夜深深，停了针绣，和小姐闲谈心……”（越剧电影《西厢记》“拷红”片段，周璇饰丫鬟红娘）老唱片的声音，周璇的声音抖抖的，要被夜风吹走的样子，唱针也老是崴脚，歌声又扭起来了。上中学时，我守着唱机不停地听这个曲子，不知是喜欢周璇，还是喜欢这曲子。老夫人拷问红娘，周璇就这样唱着给老夫人讲，声情是那种小女孩的娇嗔。这曲子我哼唱了很多年，一日，我竟怎么都记不起其中几句，到处翻找歌词，细一看，心里一惊，多少年水一般流过，这才发现，有两句我竟从来都是跳过："他把门儿关了，我只好走……"

——夜半，红娘领莺莺逾墙到西厢房探望病中的张生，张生开门，迎入莺莺，将红娘轻轻关在屋外。

"他把门儿关了，我只好走……"，不谙世事的红娘，"门儿"一词唱得煞是轻闲，却听得老夫人心惊肉跳。

我把这可笑事说给凤丽，然后碰杯，咽下一场风花雪月。

用这样的贤良来对抗消磨人心的庸常和沮丧。明媚的红酒，喝完一瓶，就再开一瓶吧……

附：越剧电影《西厢记》"拷红"唱词：

夜深深停了针绣，和小姐闲谈心

听说哥哥病久，我俩背了夫人

到西厢问候

他说夫人恩当仇，叫我喜变忧

他把门儿关了，我只好走

他们心意两相投，夫人你能罢休便罢休

又何必苦追究

一不该言而无信把婚姻赖

再不该女大不嫁留在闺中

三不该呀不曾发落这张秀才

如今是米已成饭，难更改

不如成其好事，一切都遮盖

近切的远方

一

这是一本小开本的书，放在一摞书的最上面，这摞书在我逼仄小屋的通道口，有时不小心会碰它下来，拾起它，把它再放到书摞的最上面。

有时，看见这本书，会想起一些远方的事来。

那是华北山野的夏天，清凉宜人。遍处都是山楂林，青绿色的山楂在枝杈蓬勃的矮树上挤挤挨挨，鸟儿啁啾的清晨，地上铺满树影。菜园里脆生生的大葱、青菜，叫人垂涎欲滴。四野沉静，在屋里读书写字，望一眼出去，青山排闼，内心安妥。

有些远方记忆，很像童年往事，想起来，情景毕现。

饭厅里人并不多，但来自东西南北。第一眼见万华，便知她是西北人。她的身体薄而高，留着男孩式样的短发，神情温和安静。她丈夫，结实质朴，也是典型的西北人样貌。他在桌上嘀咕，想吃羊肉了。偏在第二天，饭厅里有煮羊肉，我去得早，便先盛了一碗，放在他们之前坐过的桌位前。

我们很快走近，他们来自青海，青海和甘肃，比邻而居，气味相投。有那么一天，从早上开始，雨说来就来，扑扑嗒嗒在树上乱敲一阵，又倏地停了。如此三番，一天里竟下了十几场，大夏天的，快傍晚时，地上竟泛起寒意来。万华的丈夫说，去镇里喝酒，热乎热乎。

穿过大片的山楂林，小镇就横在面前，窄窄的一条镇子。选一个临街的店，在座的还有青海诗人杨廷成一家。在异地，老乡见老乡，酒喝得酣畅。万华不喝，只静静地笑着看我们。再回去时，我们穿过夜色里的山楂林，高一脚低一脚的，因为酒意，相互搀着说笑着，心里仿佛欢乐得很。

第二天，在走道喊万华去散步，屋门一开，扑出浓浓的熬煎草药的气味。万华应声出来，手里拿着一本正看的书，笑笑的，捏着书的指头瘦长。万华丈夫说，带了宝贝电灶和药罐，到哪里都方便熬药。

我知万华天天都是要喝汤药的。

万华刚跑下楼，又转身上楼，说去拿外衣，她丈夫说，整天丢三落四的，万华嗤嗤笑着，在丈夫面前，她有很多孩子气。

我们都写作，还有几个共同认识的作家。

彼时的万华，就是那个样子。我们在一起很亲切，相识很短，但好似很快相知，悲伤的话不多说一句。

二

仿佛终于该要读这本《西风消息》了，这本小开本的书，拿到手里很妥帖，是万华新出的散文集，之前我没大面积读过万华的文字。我似乎就在等这个数九寒天，等大西北这个最为酷烈的季节，在西风凛冽时，读西北人的文字。

这是怎样一本书呢？

近乎全是万华的私语。她游动的思绪，遍及周遭的目光，她的善感、不时闪一下刀刃的隐忍和节制。透过她这样的几乎无蔽的表达，我仿佛就在读她。她像一个技艺精进的郎中，沉迷在她一个人的维度里，对人世望闻问切。不放过每一寸土地、每一样花草、小的虫豸，她所能亲见和不能亲见的走兽。我想，她可能常常笃神于某一个寂悄的瞬间，忽然与天地万物通感。这样的人，我想，有时会通灵的。

看不到她写作的野心，她只是喜欢这般那般地沉浸于她的表述。闲散随意，不刻意经营篇幅、结构和技巧。我不由地跟着她，也这样思来想去的。思来想去间，又总会随着她的目光，看一眼绵延在她身边的祁连雪山。她表浅的柔软和纷繁下藏着的冰。或许正是这个亘古不变连绵不绝的大雪山，让她纤细但不轻浅、柔曼但不飘忽，我能看到，她的笔触像她土地上生长的青稞的芒刺，她在竭力让芒刺扎得更深。

这几乎是一种不染尘埃的文字。我读这些文字时，偶尔会想，很多写作的人，关乎写作，心内是不够纯净的。

三

将父亲拉到街头榆树下，拿出索尔线，挑出红黑蓝黄绿五色，捻成一股，系在父亲的手腕上。又怕今天才是初四，被人看见会笑话，便将父亲手腕上的索尔使劲塞到衬衣袖子中去。我做这些时，父亲乖得像个小孩子。我说现在系上，明天就不用再系了。父亲看看自己的手腕，说：现在系上好，明天有可能就找不到了。（李万华《西风消息·索尔》）

万华讲，五色索尔线，端午早晨系到手腕上，一直到农历盛夏，将它放入河水，随河水流走，为的是祛病消灾。我想起儿时的端午，前一晚，母亲蒸一大盆红枣糯米粘糕，蒸好后，把压咸菜的大鹅卵石放在上面瓷瓷地压着，粘糕放到屋外的树下，要整整晾一夜。端午早早起来吃粘糕，裹了蜜糖的粘糕把嘴巴都粘住了，我们开心，要笑，嘴巴又张不开，我们的手腕上，不知啥时，母亲给我们都系了花丝线。那五色丝线捻出的花线原来叫“索尔”，读了万华的《索尔》才知。万华的系了索尔的老父亲，真的像个听话的孩子，万华节制的语言叫人眼湿。

读《西风消息》,脑子里还不时闪过那个长满山楂树的山野。我们在一幢小楼的二楼上，中间隔着一棵长到二楼的叫不上名字的树，树叶婆娑，有时，我们出了屋子，在树下一个小石桌旁看山、看云。山风很大，会把我们的房门猛烈地关上。我已经习惯了楼道里散逸的汤药厚苦的气味。年深日久的，我想，喜欢花草虫豸的万华，大约能从这苦味里，抽丝剥茧地辨别出每一味药草的味道吧。

他们要提前走了，去北京看刚上大学不久的女儿。买的是早上很早的火车票，万华说，没有告诉女儿，要给她送个惊喜。

那夜雷电大雨不止，我心里一直牵系着他们要一早出行。天还未亮，睡意蒙眬里，听见了关门声和他们的下楼声，外面依旧风声雨声的，似乎为我们的告别增添了些寒凉。

我们后来在微信上来回聊过几次，她说到了北京，在大学门口，女儿惊喜坏了。我偶尔也去她的微信朋友圈里浏览她发的图片，她常用微距拍各种物件，很多精美的小东西被她的镜头放到很大，她几乎是跪着或者俯身在地上拍的它们。

万华集子里写了很多自然、生物，书分四辑，第一辑就有这么多：立春、惊蛰、长寿菊、栀子、狗尾巴花、杏、猫、荷花牡丹、头花杜鹃、蒲公英、车前草、蚂蚁、川赤芍、藏狐、金雕、长耳鸮、蜘蛛、丁香、刺柏、蕨麻。其中多是青藏高原上独有的物候、植物、动物，她写的多是她情感里的它们。

大凡我敬重的自然生态作品，都有着浓郁的人文情怀。我早先就想，从古到今，我们关乎自然的文字作品，大都在不厌其烦地讲述它们于人类的实用价值。我所喜欢的自然生态文字，一个由衷的理由是，作者把自己放到很低，比肩一株草一朵花一只缠绵吐丝的桑蚕，这样的视角下呈现的文字，才易平易动人。

蚂蚁群搬家，像一股黑毛绳在路面上移动，这是我小时候听到的故事：老人驾马车在山路上行进，看见前面横过一条黑色粗毛绳，细看，是蚂蚁结队过路，老人于是卸下马车，坐在路边抽烟，等蚁群过完。（李万华《西风消息·蚁大如蝗》）

再抄一节吧，有很多这样的好段落。

当我从一朵山芍药身边抬头时，看到藏狐，它站在一株头花杜鹃旁，正看着我。那样聚精会神，仿佛我是显微镜下的一只草履虫。然而又是那样温和，眼神笑眯眯的，仿佛在看我的傻样。头花杜鹃蓝紫色的花还没开放，小叶子稀稀拉拉。藏狐背部和四肢鲜亮的棕黄色，以及肚腹与尾尖上的灰白，显得清晰分明。但这只是瞬间，当我的目光与它相对，这只小狐狸的神情即刻发生变化，惊惧、胆怯、怀疑、失望，甚至掺一份忧伤。仿佛我多么凶猛。然而也只是一瞬间，瞬间之后，藏狐掉头向山顶跑去，它小而短的尾巴，以及一起一伏的身影，迅速在草丛中隐去。让一只小狐狸掉头逃窜，这会是怎样的意兴阑珊。你想不到，这甚至不是意兴阑珊，是一种茫然的无望。（李万华《西风消息·川赤芍与藏狐》）

四

万华文字里的静是那种深长的静。《西风消息》分四辑，也是依着四季写下去的。从立春写到谷雨，立夏写到大暑，立秋写到霜降，从立冬写到大寒。时序像一根长长的线，上面飞花缀玉，是万华让它柔韧、结实、舒缓地往前延伸。

在西北的高原，无论我所在的黄土高原还是她所在的青藏高原，四季时序都格外分明。那种跟着时序前行的深长的静，有时静谧，有时却过于寒凉。

水烧开，让它慢慢冷却，将漂白粉沉淀下去，药材倒进砂罐，注入凉水，浸泡半小时，放在电灶上，慢慢煎熬。（李万华《西风消息·一本书》）

“煎熬”这个词，让人很疼。我想起多年前在无锡大运河边的弄巷里徜徉，看到小路上晾晒着一溜儿长长的药渣，得是熬过多少汤药的药渣呀，好友黑陶告诉我，是要叫千人踩万人跨的，这样病人的病才好得快。我还想起小时候一件事，有一年腊月里，我不小心打碎了一个很老的粗陶药罐，我很害怕，腊月打碎家什是不吉祥的，但平日里苛责的父亲忽然笑了，说打碎药罐是多么好的兆头啊，来年家里用不着熬药了。

有一次在微信上看万华给人留言，人家说病了，身体很疼。万华短短回了一句：“大夫说，疼的病都是好病。”

对万华来说，在这个日日要进行的煎熬中，药味散逸时，她在做什么？我从她的书里猜度，她大概在看各样的书，耳朵里响着她喜欢的交响乐，古曲，抑或她睡着了，又做着一个个离奇的梦。书分四季，从立春到谷雨，立夏到大暑，立秋到霜降，立冬到大寒。四季就这样轮回下去吧，我要继续等她的西风消息，下一个西风消息，下下一个西风消息，再一个西风消息……

去年夏天，我去青海茶卡参加一个活动，那个夹在昆仑山和祁连山之间的神奇的地方，途经月亮山时，还在漫天飞雪，到茶卡盐湖时，却是晴光潋滟。太阳明亮，但寒风尖啸。夜晚，圆月当空，照着雪山。我又回想起多年前夜色里看到的大到天边的青海湖，这样的高原，这样的天地会给作家怎样的给养？

返程时，在西宁，与万华和她丈夫、诗人杨廷成再次相聚。万华的头发长了些，她还是笑笑的样子，我们交换了各自的散文集。我拿着她的《西风消息》，和她拍了一张合影。

万华说，她喜欢那种随意翻到一页就能看下去的书，她的《西风消息》就是这样一本书。有时，我还喜欢这样，故意随意地翻开一页，看那一刻会和哪样的文字相会。

夜很静，没有风声，窗外的树都在冬眠，夏日里树上的夜鸟大约都南飞了。我翻开《西风消息》，是《喜鹊不赋闲》这一节。

再没有更多的事情在这个冬日去做，等待太阳从东山之上升起，或者等待一场大雪纷飞，西风也成，让它穿过河西走廊，刮过祁连山脉……这样的无所事事，才想起，前三个季节一晃而过，仿佛山头的风马旗，啪啪一阵响动后，只给人留下红黄蓝绿白的重复。

万华精细地描述着一只貌似嬉戏的喜鹊，突然遭遇一只与它抢食防风种子的乌鸦。看似欢喜的喜鹊其实何时悠闲过呢。读完这一节，我把书放在枕边。那么，喜鹊会和猫打架吗？放在枕边的书，猫最喜欢夜里翻，有时醒来，发现书的边缘都被它翻成了锯齿。我于是把一袋热敷盐放在《西风消息》上面，忽又想到，这是从茶卡盐湖带来的大青盐，都是青海那边的事物。我就准备这样入睡了，仿佛枕畔就是青海。

以静默的形式

一

2014 年，我认识了生活在南海边的几位朋友。之后，跟着他们接近大海。

大海于生活在黄土高原上的我，更像精神中的事物。海在我的表达经验中几乎空白。我时常会想起法国作家古尔蒙的一句话："天主不是什么人都回答的，大海也是"。

好多次，我们集结于深夜。海在不远处，海风鼓胀我们的衣衫，路灯下一行怪异的影子。夜深寒凉，海的气味和着栀子花香，弥漫在黑暗中。我们安静行走，脚步窸窣急促，像要赶一个隆重的事件。

而大海之上，夜半出海的渔民正开始返航。这种夜色中的劳作带着一种神秘。有一天，我因为好奇泊在海滩上的一条老船，遭到渔民的呵斥。诗人慧谋兄说，渔民自古有讲究，女人不能登船。弗雷泽的《金枝》，皇皇大著中的讲述，关乎生死的时刻，几乎都禁忌女人。重翻《猎人和渔夫的禁忌》一章，"在原始的狩猎和捕鱼之前，几乎都禁绝女人的参与，在某海岛，出海前的男人须要移居别处，不能看妻子一眼，如果不守禁忌，海里的飞鱼必将戳瞎他的眼睛。"

宽厚与啸厉、狂暴与温存，共存于海。为不惊扰大海里的神灵，渔民以约束种种深厚的俗世之爱作为代价。而海的无常，让渔民总是面带忧戚，这种表情世代相传，他们的面庞大都清瘠黧黑、沉默沧桑。

宏大的事物几乎都怀着一种宏大的朴素，大海渐渐清晰的过程，令我震撼。在黄土高原，我常在内心眺望大海，曾无数次想象希腊神话里手持鱼叉乘着金色战车的波塞冬如何飞驰海面。深夜，海存在，却无形，融入茫茫黑色。尽管我几乎能彻夜听到它推波助澜，并在这轰响中想象无数黝黑的浪头如何烈马般追赶。但黎明将至，我想象，神话里那无邪的海豚游来，大海会显出另一派宁静和慈爱。

眼前的一切醒了，天空和大海，露出平静而无涯的灰色，这巨大的空茫，有一刻，让我深感落寞。倏然间，朝霞穿过云隙射下万道光芒，远远近近，构成令人目眩的辉煌。归来的渔民拖船、拉网、收鱼、收网。鲜有人大声说话。大朵大朵海蜇像透明肥厚的花瓣被倾斜在浅滩上，岸边的女人将它们一朵朵抱起，放进篮子。

我的目光几乎还同时追踪着李好，他端着相机，赤脚奔走在各个船上。

海浪无边无际地翻涌。

在表达口舌滋味的汉语词汇中，我以为，甜是暖的母性的可以宠人的，甜加上“蜜”，更是黏糯得缠绵。咸粒像小小的针刺，苦像压在舌头上的木石。

海边长大的李好和渔民这样谈论“甜蜜”。

李好说，刚打回的鱼，在清水里煮了，然后蘸着化开的盐水吃，那个甜蜜呀。

盐是海盐，我见过的，在灰蓝的天空下，一堆堆，碎玉般洁白莹润，捏一撮在手心，能沁出油脂。李好说“甜蜜”时，表情富足得像个孩子，我甚至能听到他下咽涎水的声响。“咸”也是“甜蜜”，那种满身心的喜悦、形而上的幸福。世上的咸，滋味原是有着万千差别。

而我要说的是他的目光——经由他的黑白镜头表达出的“看”。大朵大朵灰云，万道亮白的霞光，海水是有质感的沉重的黑灰汁液，只翻卷的白色浪花显出轻盈，船在逆光中。海天之间，渔人在船头劳作，头上顶着云朵。

那天，我被他的一个镜头打动——鱼儿都已收好，虚空的渔网几乎堆满整个船舱，一个顶着草帽的渔民站在船舷旁睡着了，看不见他的脸，只两只手靠近镜头，疲惫地垂在船舷上。天上依旧铺排着有光泽的灰云，船旁躺着幽暗的海水。镜头充满忧伤的气息，而且确乎因着黑白色度，以一种静默的形式显得更加低沉喑哑。

李好深爱这些他父辈一样的渔民。他的情感都沉沉地压在他的镜头里。他一边怜悯着这样的渔人，一边又怜悯着满海滩打捞回来的鱼儿。鱼和网，人和鱼，船和大海，在他的镜头里对立、冲突，形成一种紧张的关系。他说，无序的打捞开始破坏自然法则和秩序，机器的轰鸣搅扰着大海的平静，索取没有止境，而海永远在沉默、在低处。后来，李好把自己的一个大海主题的摄影展命名为“海在低处”。“海在低处”，有他复杂的隐喻。

低处的海，辽阔无边，尽揽云天，不知是否是这种简约单纯的宏大促成了他对素朴的黑白的喜好？还是大海貌似平静的波澜壮阔启发了他的艺术追求？

以静默制造喧腾，这种放空的哲学如此有效地附着于一些博大而安静的色调上，比如黑、白、灰，以及探照其上的光亮，它们有着相似的气质。我想，这种好意思，从艺术到人生，并非人人能够意会。

我犹记得他照片中的一个反复意象，以及这些意象传达出的焦虑或者忧虑：镜头紧贴地面向上仰视——海滩上人影壮阔，人们摩肩接踵，纷乱的赤脚间，紧挨着镜头，总躺着形形色色的鱼，大大小小、长长短短，像纸张上的感叹号，都圆睁着眼睛。

笔记：

黑与白，落在相片上，时间仿佛凝滞。

以安静制造喧腾，显示出充分的隐忍和节制，让事物深藏内核。这种张力，还源自对多余成分的过滤：镜头中色彩带来的迷乱和聒噪等。黑或深灰大面积弥漫，深重幽静的力量兀自呈现。

这是我愈加喜欢简约的原因之一。内在的力量渐渐强大，外在的繁复渐渐消退，事物向内核生长、朝向繁盛。

二

住的那家酒店，面朝大海。正午的阳光下，海水碧蓝沉静。滩涂上长满茂密的红树林。我坐在阳台上，耽于遐想。张鸿正忙于从网上帮李好打捞一个合适的曲子，给他在西藏拍摄的《朝拜者》主题作品PPT做背景音乐。李好的这组作品应邀去美国参展。关于西藏主题，我曾和他就杨延康先生的藏地摄影作品进行过交流。甘肃亦有大片藏区，我也曾多次进入，一直深深地被那里吸引。

令我感兴趣的是李好何以如此执着于“朝拜者”这个主题？他距离西藏，几乎隔着整个中国的距离。但他先后十数次到拉萨，从南海边到青藏高原，驻扎在那里，反复感受、理解和搜寻。他说很多年前，第一次到拉萨，就被朝拜者深深打动。夜晚，是镜头内外呼应的最佳时间。依旧是黑白色调，在他的很多作品里，佛殿高耸，星星和月亮挂在天际，昏昧的灯光照亮青石路。朝拜者的身影就落在这样的环境里，即便人影憧憧、比肩接踵，能感受到的，依旧是静澈。他试图用镜头抵达宗教，触摸到朝拜者的精神。

李好说，朝拜者磕过十万万个长头，有的从千里之外，风霜雨雪跪拜而来，你何时看到过他们身上丝毫的疲惫？在无数个被时光刀刻斧削的朝拜者的面容里，你何时看到过一点儿倦意？

李好拍了数千张朝拜者作品。这组 PPT 打首的就是大昭寺前朝拜者的身影，一个朝拜者匍匐在发亮的石路上磕着长头，他的前方，光影中是层层叠叠的背影，气氛郁结、凝重肃穆。是星月之光？晨曦，还是灯光？不过，这已不重要，光已完成了它的任务。

一辆越野车几乎呼啸着驶进酒店院子，一听便知是李好。他喜欢开快车，喇叭里放着震耳欲聋的摇滚。我们每每在车厢里被他颠簸得大骂不止时，他变本加厉。

张鸿找到一段模拟自然声响的电子音乐，天籁声，宁静致远，但我和李好果断否定了她的成果。我们总觉得哪里还隔着，但我们知道，我们正在靠近。

张鸿废寝忘食，音乐此起彼伏又纷纷戛然而止。我则对李好这组片子中风格看似新异的几张作品说了些看法。这类片子，浓郁的黑色里，在朝拜者之间，有了些虚幻缥缈的灰白影子，这种看似玄奥的技术化处理，是在刻意靠近宗教的氛围，想表达那种似乎可视的灵魂，但我觉得这是不恰当的艺术，尽管李好说这些片子得到很多专业人士的肯定。我当然知道，一个人在艺术之路上左奔右突，多么需要鼓励。

几乎猛然间，我们不约而同想到了藏传佛教的念诵曲子。我和张鸿，曾在一个黄昏，在郎木寺一个古旧土巷的僧舍旁，被阿卡们念诵的混音感动得许久不能说话。我们找到了一首《荟供曲》。

几乎是天作之合的配乐。在这静澈的直抵内心的念诵曲中，李好镜头里一个个黑白的“朝拜者”的身影和面庞缓缓从眼前走过，不知为何，总有想流泪的感觉，而且，至今犹然。

我们热爱的事，纽结着我们，从内而外。都缄默，也都简约，彼此长存心里，无须时时响应。

我记得，很有一段时间，张鸿以行者自称，风一样穿梭于各处，她也酷爱摄影。2014 年深秋，我和她结伴去额济纳。那两年，她正受一事骚扰，一路忧心忡忡。壮阔的长长的河西风光似乎也未能慰藉她。寒意已浓，胡杨明艳，那天，我们去了土尔扈特王爷府。阒无一人，光影躺满一院。不大的院落，我们竟徜徉许久，我终于看到她脸上的祥和。我还记得王爷玩过的染红的羊拐骨，榫卯相接的木头魔方。对她那一时而言，我想定，宁静便是欢喜，她的欢喜定格在她拍的一张黑白照片上。那张照片，光影明澈，灰黑白，仿佛包容了世间的所有，木门虚掩，看进去，一院子的丰盈。我还能记起那天的额济纳，秋风刮过树梢的样子和声音。

几年后，在荔枝成熟的季节，李好驱车 6 小时到广州，我们三人再次见面，我们拥抱，吃着甜甜的荔枝，谈论各自爱的事情。几年间，我们内心都添加了不少沧桑，我们因此集结得更加深入。

笔记：

摄影师通过镜头，将一种存在变为另一种存在。这种转化中，所呈现的主观愈加强烈，客观便愈加客观。将熟悉的事物变得陌生，这是另一种意义的提取、放大、凝聚，或者照亮。

正如美国摄影师埃米特·戈温所说："摄影是一个工具，用来处理大家都知道但视而不见的事物。"

黑与白，以一种静默素朴之姿，进行着更富丽的诉说。

三

苏珊·桑塔格说："照片是一种观看的语法，更重要的，是一种观看的伦理学。照片实际上是被捕捉到的经验，而相机则是处于如饥似渴状态的意识伸出的最佳手臂。"我想，照片也是一种拍摄的语法，一种拍摄的伦理学。

2016年5月。5月，对素有"瓜果之城"之称的兰州而言，没有什么本土水果。青黄不接，果花才歇，瓜地里，种子才吐萌芽。先前这个季节，唯一能吃到的水果都装在罐头里。多年以后，我才见到了真正的模样奇特的菠萝。这种热带水果，而今，还散发着新鲜的香气时，就可从千里迢迢之外抵达兰州。我说的是2016年5月的菠萝，当时，菠萝在兰州的售价奇怪得低。我所以记得这个，是因为当时刚好看到了李好的一组黑白纪实照片。

这组照片拍于广东徐闻县。夏初，正是菠萝旺季，五一期间，李好身陷徐闻的“菠萝的海”。一车车满满当当刚刚采摘的菠萝把徐闻染得金黄，菠萝的香气穿透了大街小巷。但年初，寒潮席卷广东南部，菠萝的成熟期整体推迟，到 5 月初，整个南方的菠萝扎堆上市，菠萝的价格跌到很贱，偏偏又遇连阴雨，菠萝出货非常困难。在一个大型的菠萝交易市场，李好发现，在这果实累累的丰收场景中，看不到喜悦。地上满是泥泞，果农脸上阴云密布，唯有那些忙碌穿梭于市场的商贩面露轻闲。

李好在这个交易市场拍了很多黑白照片。黑灰的装货车、黑灰的人、阴沉的天气、地上的泥泞——在这大面积的暗调中，发亮的是那些一丝不苟被整齐叠放在一辆辆货车车仓里满得冒尖的菠萝。叠落整齐的菠萝，安静乖巧，和弥漫在市场里躁乱焦虑的气氛形成鲜明反差。

李好说：“在我的家乡，我见过这种场面，那年夏天，荔枝盛产，价格贱低，荔枝卖价抵不上摘果工人的工资，很多果农就悲戚呼号，盼望突来一阵狂风，免得果子在树上腐烂，讪笑路人。”

纪实摄影，这种貌似客观的记录手法是否也会记录拍摄者的情感？我看了安东尼奥尼 1972 年在中国拍的长篇纪录片《中国》，娴熟精到的摄影技法，使用的大都是免受打扰的长镜头，纪实的动态、言谈、客观环境。但能看出疏离，看出陌生化给予一个异国人的浓烈的兴趣，很多不惜篇幅的好奇、透过镜头的探究，但少有情感。而我，在另一类纪实摄影中，能看到摄下这个镜头的人的情感，情感粘着于作品，无法剥离。就像侯登科的作品，那些黄土高原上的女人们，被过滤了多余色彩的黑白照片，看一眼就能湿人的眼睛。这是客观沉默的力量，它不动声色，艺术和技巧藏在看不到的地方，而摄影者的情感渗透其间。

拍摄的伦理学无法回避。李好这组“菠萝的海”摄影作品，我能感受到，当他举起相机，已经心为所动；作品成像，里面已经有了他的情感。而这种隐忍的不事喧哗的情感，更打动人心，正如他的大海作品和朝拜者作品。或许，“情感”一词，尚显单薄，但对艺术家而言，它表达对世界的关照，表达对牵连内心的事物的赤诚。且这表达，骨血相溶。

也仿佛写作。

2014 年，我们在南海边。暮色四合，大海渐渐隐入夜色。我们用手指把我们的名字刻画在潮湿的沙滩上，海水涨起，海浪汹涌而来，一波大浪退去，我们的名字融进了海水。像大海中的一滴滴海水，融入盛大，这多么好。

飞雪苍茫

狼锁口

大雪很快白了羊头山。

榆钱儿大的雪片忙乱飞起来的时候，外面像在悄悄沸腾。

雪把云芳堵在了三爷家，天早该黑透了，但屋子被雪映得发亮。云芳睡在坑沿上，能看清身边的大兰子把长辫子蛇一样盘在头顶。钻进被子不到一分钟，大兰子就开始老鼠一样咯吱吱磨牙，她的牙可能长得太长了，和她的个子一样。三爷在热炕那头又开始咳痰，咔咔咔，要把腔子里的东西咳出来，他咳着痰却在熟睡，嗓子里扯着风箱。三奶奶的呼噜吹着小哨子，尖尖的声音，风一样乱窜。

云芳睡不着，身子底下一半冷一半热，像炕上烙着的皮焦瓤生的饼，一会儿把自己翻一下。云芳后悔没听大奶奶的话，没赶早儿回去，可谁让大兰子笨手笨脚，一个下午也没帮她打出来半个袼褙呢。

啪嗒、啪嗒，云芳听见三奶奶家杏树上的雪疙瘩往地上落。

雪一定半夜就停了，这样才来得及让太阳新崭崭地挂在树杈上。云芳和大兰子穿得厚嘟嘟地出了屋子，眼睛一下子被雪刺了，她们尖叫着，咯咯咯地笑着跑进雪地里。两人一高一低，脚上穿着小船一样的鸡窝灶，支棱着胳膊，像张开膀子的鸡一样。

这一年，大兰子和云芳都十岁。但大兰子不寻常得很，她的个子已经超过了大个子三爷，一双费布料的大脚板子让三奶奶好生惆怅啊，三奶奶一看见她的脚，立马就要仰头对老天说话："天爷爷呀，不要再让她长了，再长就戳到云彩里头去了啊。"

雪让羊头山暄软了，天一样大的雪被子。大兰子被长腿和大脚搅着，一下一下让雪绊倒，大兰子绊倒一次，云芳也让自己绊倒一次。山崖上的积雪让风吹散，窸窸窣窣亮晶晶地四处飞。

"咯"，云芳觉得浑身疼了一下，又尖锐又短暂，说不清到底疼在哪里。但"咯"地一下，她身上渗出了很多汗。就在"咯"

的一下时，一样东西出现在她前面。

那面，大兰子还在走，长辫子在屁股两边甩过去甩过来，好像雪严重挡了她的路。

隔着三四步远，一只狼满身披雪，定定地看着云芳。

像一块埋伏在雪里的石头，等云芳走近时，狼才忽地一下从雪里长了出来。云芳也盯着狼。狼的小半截腿戳在雪里，灰突突的像几根枯树枝。云芳和狼，就这样互相盯着，谁都不眨一下眼睛。狼脊背上的雪开始融化，身上散出白丝丝的热气，狼毛洇成一缕一缕的，但还是石头一样纹丝不动。

狼看起来大汗淋漓了，眼光凉得却像两把刀子。

雪水一滴滴从狼身上往下跌,地上露出一片枯黄的辣辣草根。

忽然，狼扭头奔下山洼。

云芳跑过去把冻在雪地里的大兰子拉上飞跑起来的时候，云芳觉得自己是烧的，棉袄里全是水。而大兰子像块冰，云芳拖着她，像拖着一个甩着两根大辫子的冰疙瘩。

一到大奶奶家，大兰子就睡过去了，浑身火烫，两天不醒，赶过来的三奶奶在碗里盛了清水，在门口念念有词，等一把筷子直直立在了水里，三奶奶一菜刀忿忿地把筷子砍出了门外，并大声朝外面喊:“狼鬼神，你快快走，你想害谁了害谁去，我们没有惹过你，你撒展（放开腿脚）了跑！”。

三奶奶说，我可怜的娃，我再也不胡说了。

三奶奶胡说什么了？

三奶奶平日最爱这样骂大兰子，死女子，再不听话，撂到山洼里，给狼吃了。

那天，云芳到家后异常安静，她安安静静地讲和狼的相遇。大奶奶不断合掌，大呼谢天谢地。

大奶奶说，多谢你那个死鬼爹呀，他昨晚进到我梦里来了，脸上着急着，嘴忙乱着，但到底也没听清他说了些啥，早上浑身还像乱针剁了一下般，“咯”地疼了一身汗。

狼那天到底怎么了，为何端端立着不动？

云芳说，那天，狼锁口了。

什么是狼锁口？

就说狼的嘴上像上了一把铁锁子，死是张不开个口。

你看，一些老故事，传着传着，就成了传奇。

云芳说，狼急得把身上的雪都烧开了，可是，连喊一声都不行。

是地底下的大爷给狼嘴上了锁子？

云芳说，之前，谁都没听说羊头山的狼锁过口。羊头山苦焦，靠天吃饭，狼都是饿狼，人家羊圈里的羊深更半夜间没有少被狼叼走过。有一年冬天，一个猎户上山打猎，身子后面老觉得有一股寒气，猎户回头看，没啥，再回头看，还是没啥。刚到山垭口，猎户再一回头，一股膻腥，一个狼已经张大嘴扑到他的脖颈跟前了，好在猎户早有防备，反手把钢砂枪伸进狼嘴，一把碎弹，打烂了狼头。猎户抱起狼时，轻轻的，只剩皮包骨头了。

后来，云芳和大兰子在羊头山一直很有名。关于云芳，见过她，没见过她的人，都知道她小小的在狼嘴里逃过了一劫；关于大兰子，除了她的个子超过了羊头山所有男女，人们还知道，那次碰到狼以后，她成了结巴。

人们讲这些故事时会说，云芳，就是长生家的那个女子；大兰子，就是那个高高……高高……的结巴子女子，长福家的。说话的人说高高……高高的时候，声音拖得长长的、长长的，仿佛大兰子高得真的戳进了云彩。

名字不跟着人走呢？

大雪过后，羊头山一直会白到开春以后。干干燥燥的雪，和羊头山上又细又白的土面子拌起来，像杂粮炒面。大奶奶说，羊头山上的土是糖土，不脏，还能粘掉衣服上的油点子。云芳问，为么叫糖土？大奶奶答不上，不说知道也不说不知道。云芳继续缠她，在纸上写出一个字：糖。是白糖的糖字吗？大奶奶不识字，只管做手里的针线。云芳咽口涎水，望望窗外茫茫的雪。

羊头山的冬天着实太长。树都精瘦精瘦，睡得死死的。满眼睛光秃秃、白晃晃的。

找一个长长的缓坡，从雪上滚下去，爬上来，再滚下去。本来白净的坡，很快灰塌塌的，像一块儿揉脏的大抹布。大兰子太长了，滚起来拖泥带水，总算不成样子地滚下去了，可头绳、手巾、鞋子散落一坡。大家笑，大兰子爬起来也笑，大兰子笑起来也结巴，抽抽搭搭的，她觉得可笑极了，又会抽抽搭搭出眼泪来。

“嘎儿——”嘎拉鸡（一种山鸡）发出受惊的声音，膀子一扑棱踩到大兰子的肩上，雪沫子瘆瘆地钻了大兰子一领窝子。大兰子像一棵高高的瘦树，顶着孔雀蓝翎子的嘎拉鸡直直地站了一会儿，忽然间就软软地倒在了雪里。嘎拉鸡噌地落到地上，“嘎儿——嘎儿——”踩着小碎步藏进了枯草丛。

狼吓过大兰子后，什么都能吓住大兰子，蜘蛛、蜜蜂、蛾子，稍微大一点儿的蚂蚁都能。就连三奶奶家的小土狗黄蛋子，也欺负大兰子的胆小，成天追得大兰子满院子跑。杏树也没大兰子长得快，三奶奶家的围墙很快围不住大兰子了。土狗追得大兰子疯跑，从外面就见大兰子高出院墙的半截身子趔趄着在院子里绕圈子。三爷用拐棍狠劲地磕着地皮，喊，我把你个死狗，我敲死你呢！土狗便乖乖儿地缩回。三爷朝这边骂时，狗早走另一边了，三爷麻眼儿，看不见，还朝着这边骂，狗已经从那边溜出去串门了。后来，大兰子和云芳做作业用“欺软怕硬”造句时，大兰子写道，我家的死狗黄蛋子欺软怕硬，欺负我，怕爹。

大雪覆盖的羊头山，向晚的时候，会奇异地变色，有那么个不长的时间里，羊头山包裹在淡淡的蓝色里。人声、狗声、鸡声都给染得蓝莹莹的。隐隐约约轻轻暖暖的羊头山，像开满了马莲花儿。

三奶奶烙了“破皮袄”（一种烫面饼子），胡麻油的香味散出了院子。炕桌上还摆了碟凉拌绿萝卜丝。三爷闻着香气起来了，筷子一搛，塞到嘴里是抹布，再搛，塞到嘴里还是抹布。三奶奶像没看见，嘴里的萝卜嘎吱嘎吱。一冬的吃食都是三奶奶和大兰子娘儿俩苦出来的，地窖里的洋芋萝卜、院墙边码得整整齐齐的烧炕的柴草、面柜里黄白麻灰的苞谷面白面豆面、一坛子清亮亮的胡麻油，就连窗台下立着的那一小排被雪冻着的葱，和三爷有啥关系？三爷肺疼，只是躺着、只是咯痰。三爷麻眼儿，看不清东西时，只会骂人。

三爷用筷子头踅摸着“破皮袄”，“狗日下的们！”三爷嚼着“破皮袄”，恨恨地骂。

大奶奶说，三奶奶和三爷没过上几天和气的日子，会不会是大爷给三爷三奶奶结婚时送的礼不吉利呢？墙上挂着一个镶框的镜子，镜面上画着两个大喜鹊，是大爷那年专门托人从城里买的。大奶奶说，喜鹊是尖嘴子，就算是喜鹊不是黑乌鸦，两个尖嘴子遇到一起，也永是吵不完的架。云芳想，麻雀、鸡也都是尖嘴子，在一起果真吵嚷不休，吵着嚷着，嘴便是越磨越尖，脾气越吵越躁，你看那尖嘴子麻雀，叽叽喳喳地飞来飞去，何时清静过？在三奶奶家，云芳忍不住常看镜子上那两只长尾巴喜鹊，它们站在盛开的红牡丹上，和羊头山上的喜鹊不一样，镜子上的两只喜鹊眼睛弯弯地都在笑。

再看成天蜷在热炕上的三爷，黝黑的脸上，眼睛烂桃一样终日水汪汪苦呛呛的。

三爷叫长福，长福吗？大爷叫长生，哪里就长生了呢？

云芳说，名字不跟着人走呢。

雪片子大得像牡丹花儿

羊头山的雪着实没那么乖巧过，雪飘飘扬扬的时候，天气并不显得特别冷。但给风一搅，雪就发起狂来，带着力气，专往细缝里钻。大爷在山上放羊，棉褂子上紧扎着大奶奶的一条褐布围巾。地上精精的，羊儿们用嘴翻着土块。风雪往羊毛缝缝里钻，羊儿们冷了，身子紧挨着身子找吃的。风灌了大爷一领豁，实在冷了，就钻到崖洞里靠在草棵上抽上一会儿旱烟。

天上的云彩白着

没我的羊儿白

山里的野狐子好看着

没我的羊儿心疼（漂亮、可爱）

西北风心狠着

把地皮子刮破了

唉吆

我的羊儿们是恓惶（伤心、可怜）

大爷是羊头山的漫歌高手，云芳说，大爷漫歌时，羊儿们

风灌了大爷一领豁，实在冷了，就钻到崖洞里靠在草棵上抽上一会儿旱烟。

都会抬起头扎着耳朵一动不动。大爷的一句“唉吆……”，声音最沉，意思最复杂。山这边“唉吆……”一声，山那边回一声“唉吆……”，人们听到这一声“唉吆……”，有时候眼睛就湿了。

羊是大爷的命。

大爷的羊圈地上铺着一层厚厚的粪蛋蛋。一层金蛋蛋，看得大爷眼睛发光。大耳朵、尕蹄子、细眼儿、肥沟子……羊儿们回圈，大爷不数数，一个一个点它们的名字。细眼儿最娇气，咩……咩……叫起来像月娃子。肥沟子脾气大，鞭梢子还没挨到身上，就把沟子扭来扭去，大声叫上好一阵子。大爷暂时最疼尕蹄子，尕蹄子岁数最小。

“咩……咩……”，是细眼儿的叫声，怎么直声捣怪的？咩咩咩咩，大耳朵肥沟子尕蹄子们叫唤得乱。

大爷跑出了崖洞。

土匪和早殁的太爷讲的一模一样，羊皮袄，羊皮帽，重重的大毡靴。也正是这个青黄不接的时候。太爷讲过，土匪们抢不上东西，就在地里偷偷埋了土地雷。有一天，几个人一起走，“轰”的一声，地炸了，魂魄都吓散了。再一看，少了大虎子的爸，急着寻不到，抬头见树枝上挂着一只胳膊，大虎子的爸呢？头朝下，木桩子一样，多半个身子栽在地的那一头。

大虎子的爸给炸得太惨了，尸首怎么都凑不齐整，到最后还是缺了一个耳朵一个脚趾头。大虎子殓了他爸，好多时日，睡梦里被疼醒，不是梦见一只耳朵烂掉了，就是梦见脚疼得动不了。大虎子心想可能是在替他爸受罪呢，但疼得实在受不住了，请了阴阳，开了棺木，给他爸照着另一只耳朵做了一个黄泥耳朵，照着另一个脚上的小脚趾做了个黄泥脚趾头，把泥耳朵和泥趾头给他爸安上，才算安生了。

是呀，时间一长，好多事就像传奇一样，云芳说。

大爷颤抖着站在崖洞口。装在土匪马车上的羊儿们望着大爷咩咩咩地叫。放下我的羊！大爷喊。土匪们掉过头，踏着大毡靴，咚咚咚来到崖洞边。放下我的羊！大爷一边喊，一边往崖洞里退。几个黑影子堵住了洞口，大爷紧贴在了草棵上。“噌——”一个土匪抽出马刀，说，要羊还是要命？大爷只管扯着嗓子喊，放下我的羊！放下我的羊！雪花子钻过人缝缝冰冰地打到大爷的脸上。土匪把刀架到大爷的脖子上，来回蹭，抽出来，架上，抽出来，再架上。大爷倒在了草棵里，嘴里还是喊着“放下我的羊！”。土匪朝大爷高高挥起刀，看看大爷的样子，又哈哈笑着放下。

土匪笑得崖都抖呢。

呔，给你留下一个。

一个土匪重重往地上扔下一只羊。是大耳朵，大耳朵绊疼了，咩……咩……哭破了嗓子。

人们把大爷抬回家时，大爷冻得不能动了。大爷直瞪着眼睛，嘴里嗫嚅着羊的名字。

“细眼儿、尕蹄子、肥沟子、大耳朵……”大爷喊了一夜他的羊，天刚亮，人就没气了。

有人说，大爷的胆早给吓破了，魂灵子其实早走了。

大耳朵在大爷的丧事上招待了庄子上的人。羊圈空了，剩了一地羊粪蛋蛋。铲起来，像个大坟堆。大奶奶用这些粪蛋蛋足足烧了多半个冬天的炕。

怎么知道大爷是给吓死的呢?

云芳说，大虎子讲的，大虎子的爸让土匪炸死后，大虎子去找土匪算账，没想到转过身他也当了土匪。那天用马刀吓唬大爷的是一个叫“断指子”的土匪，这个土匪先前是个六指子，有一天，硬生生把那根六指子撅断了，所以人们叫他“断指子”。大虎子说，“断指子”把马刀架在大爷的脖子上时，大爷裤裆里的水流了半崖洞呢。

“断指子，你个狗日的，你的后人、后人的后人还是六指子，沟子上撅尾巴，头顶上长犄角……”

怪不得一提到“断指子”，大奶奶就这样咬牙切齿一溜烟儿地诅咒开了。

云芳说，大爷出殡那天，风搅雪呀。雪片子大得像牡丹花儿，大奶奶让风刮倒了，起来了，又刮倒了……

长生——大爷是不是枉叫了这个名字？名字不跟着人走呢。

三爷在坟头恓惶地给大爷烧纸，说，长生我的哥呀，有时候想一下，这世上，其实路短些也好。

天爷爷早给安排下了

风把上房的布门帘一掀一掀。院子里寂悄悄地，麻雀们在光秃秃的杏树上飞上飞下。

三奶奶在厢房的热炕上一个劲儿往上房瞅。大白日的，三爷嗓子里扯着风箱在热炕头睡得香。土狗黄蛋子忙坏了，哼哼唧唧在上房和厢房间来回跑。风把门帘掀开时，三奶奶只能看见大兰子的大脚板子，许久的时间，大兰子的大脚板子一动不动。

这就好，这就好，三奶奶慰藉。

方桌两边高椅上的人，一高一矮。这边，大兰子的大脚稳稳地放在地上，那边，尕驼背的腿悬在半空，脚尖子紧张地对扣着。三奶奶叮嘱过大兰子，坐着别动，只要不站起来，你的个子就不显眼，尽量不要说话，少说话人家就听不出来结巴。大兰子果真坐着不动，但也不敢转脸去瞅，尕驼背脊背上的大疙瘩会扎她的眼睛。这边的尕驼背，紧张得出汗了，脑子里老是想起他妈先前讲的一个故事，这个故事他不喜欢，但听过一遍就死死记住了。说先前呀，有个后生去相亲，女儿家长得乖乖巧巧的，就是话少，一直坐着不动，可能是羞怯，后生出门时送都不送一下后生。两家订了婚，娶回姑娘时才发现是个驼背。那相亲时怎么没发现呢？原来女家在墙上挖了个洞，姑娘的驼背刚好藏在那个洞里。

尕驼背没处藏脊背上的疙瘩，他就那样亮晃晃地坐在高椅上，脚空空地悬着。

为什么那时的大方桌和两边的木椅那样高呢？除了大个子三爷和大兰子，坐在高椅上，谁的脚能挨到地上？

大奶奶说，先前有钱人家的桌椅，腿长身子高，那高椅是要人盘腿坐在上面的，如若腿要垂着，脚下得有个脚踏，是讲究个姿势的端正。

那大兰子家是有钱人家吗？云芳问过大奶奶。

大奶奶说，先前羊头山有家姓黑的地主，败了家，用这套桌椅抵了给大兰子爸的工钱。兰子她爸那时可是个仪表堂堂麻利利儿的男人，地主家的女儿看上了他，但家败了，那女儿又不会干活，兰子爸就没娶她。那套桌椅，兰子爸惜爱了一辈子，不过后头他肺疼，坐不住那个高椅子了。

黑家的女儿后来呢？

大奶奶说，后来，哦哦，后来不就成了大虎子的媳妇，就是那个黑菊花。

呀，呀，羊头山上的一家一家，像马莲绳缠起来的疙瘩。

啦啦啦——啦啦啦

蛋蛋沟子罗圈腿

盘盘指头鸡儿嘴

啦啦啦——啦啦啦

大虎子的媳妇脸蛋黑

大虎子的媳妇鼻子拖

啦啦啦

大虎子走路狗瘸腿

大虎子说话驴叫唤

……

这是庄子上娃娃们的巴掌歌，一边互相对拍巴掌一边唱，越唱越快，越拍越快，最后笑成一团。

脸蛋儿黑黑的黑媳妇黑菊花当然能听到娃娃们唱的歌。山洼里的庄子，人声、鸡声、狗身、驴叫唤的声音能走很远很久。黑媳妇不生气，穿着粘了一身饭渣子的斜兜襟衣服，嗑着葵花子儿，在场上晒太阳，好像娃娃们在唱别人。娃娃们也不用怕土匪大虎子，大虎子离家多少年了，用黑媳妇常说的话，狗日下的大虎子，早死得远远的了。

羊头山的大兰子高得像白杨树，尕驼背喜欢。尕驼背脊背上背了几十年疙瘩，就喜欢个直溜溜的腰身。都说大兰子的脸像马脸，长得吓人，尕驼背倒是喜欢大兰子的大脸盘子，宽展。都说大兰子结巴，一句话说不囫囵，这有啥，日子过长了，不说啥，谁也知道谁想啥。

日影子都上了房檐了，大兰子的大脚板子还是一动不动。

三奶奶心里笑呢，两个瓜娃子，都坐着不敢动。三奶奶到院子里，咳嗽两声，自言自语地说，时候不早了呢。尕驼背“噌”地跳下高椅，说，就是就是。大兰子还是一动不动。

说来也怪，死狗黄蛋子见了尕驼背，一声也不叫，围着他，把尾巴都快摇断了。

尕驼背面皮子又白又细，不亏家里是磨面的。尕驼背走起来一跳一跳，靛蓝的宽裤腿一甩一甩。尕驼背虽是个尕背驼，可人多活泛呀。三奶奶和黄蛋子一直望着尕驼背翻过了山梁。

云彩白棉花一样，一疙瘩一疙瘩堆在羊头山。羊头山的冬天马上就要过了，风就要软了，种子们就要下地了，到时候，麦苗子、苞谷苗子绿茵茵的，洋芋花儿白生生的，杏花儿粉嫩嫩的，羊头山好看着。

三奶奶家太缺男人了，从三爷病着起不来炕时，家里就没男人了。人家地里的重活都是男人家干，三奶奶家地里忙乱的就是她们娘儿俩。

这样的好事哪里去找？尕驼背倒插门，成了三奶奶的半个儿子。

羊头山上此后又多了个新闻，长福家的那个高高……高高……的大兰子和山那边王家庄的尕驼背过到了一起。

下地时，尕驼背忙前忙后，不让大兰子干活。头上盘着麻花辫子的大兰子像个将军，稳稳地坐在田埂上。尕驼背忙上一会儿，看一眼他的女将军。

余下的年份，三奶奶家一直穿着尕驼背家送来的靛蓝布做的衣裤。布料是尕驼背家用拆开的面粉袋子染的。厚厚的一摞布，多少年穿不完呢。

大兰子费布料，尕驼背家的布料多。尕驼背个子矮，脊背弯成疙瘩，大兰子高高直直，头快挨到了房檐上。那一年，三奶奶家的杏子结得特别繁，一树黄灿灿的大接杏，这当然是好兆头。树梢梢上的杏子最甜，大兰子伸手摘几个，在衣襟上擦净了，给尕驼背吃。大兰子对尕驼背丁点儿的好，尕驼背都感激。土狗黄蛋子再也不敢欺负大兰子了，成天围着大兰子使劲摇尾巴，尕驼背给大兰子递过来一根热骨头，馋得黄蛋子的口水滴滴答答砸得地响。大兰子啐一口骂道，滚，你……你个欺……欺软怕硬的死……死狗。黄蛋子果然蜷着身子滚远一些，再蜷着身子滚回来，大兰子啃着骨头，笑得抽抽搭搭。

三奶奶没走眼，尕驼背心善、活泛。

尕驼背一刻不消停，三爷炕头上的尿壶随时倒得干干净净，三爷痰盂里铺了一层压得展展的干麦草。三爷成天睡着，也穿着簇新的靛蓝衣裤。三爷的罐罐茶滚成了牡丹花儿，茶缸子里的冰糖疙瘩从来没有断过。

这个人世呀，就像三奶奶老说的，天爷爷早给安排下了。

再一个夏天的时候，大兰子一天到晚守着菜园子，一根一根从地里拔葱吃。树荫下的地埂上明晃晃伸着两个脚板子。三奶奶喊，我的兰娃子呀，少吃些，吃多了生下的娃鼻子多。

大虎子带回来一个尕仙女

大虎子回来了。

就像鼓鼓的气球突然撒了气，大虎子的脸瘪了，松松垮垮的一脸褶子坠下来两个眼角，脸上多了些哀愁。人们好像看到了大虎子爸的生前。

大虎子搁下一身包包蛋蛋的行李，拿出带过滤嘴的纸烟给人们一根一根让。但是，人们顾不上这些，人们的眼睛都盯在炕沿上乖乖坐着的那个五六岁的尕仙女身上。

细眉细眼的尕仙女，脸儿白得像羊奶。

黑媳妇盘在头顶的细辫子散开了，她在热炕上盘盘腿的功夫这会儿也使上了。她盘腿坐在大门口，呼天抢地地开始了哭骂。起先，一句一个“大虎子”，谁也听不清她骂的啥，骂着骂着，她又一句一个“黑菊花”。她开始哭诉自己了，刚才还是干打雷不下雨，这一下眼泪珠子真的扑簌簌地下来了，一串接一串，哭声长长的，恓惶得气都上不来了。

——

黑菊花你的命怎这么苦呀

黑菊花你的爸妈死得太早了呀

黑菊花你男人的良心让狗嚼碎了呀

黑菊花你多少年的光阴白熬了呀

你把你爸的坟孤零零地放在山洼里，坟头的丧棒都长成桑树了，年年的清明我给你爸把坟上。土匪媳妇的日子不好过呀，你个不孝不疼人的坏怂（坏人），你没本事给我身上种下一个子儿，你把身子都放到外头了。杏花儿开得粉扑扑的，我黑菊花以前也是个人尖尖上的人，现在让你把我做孽障（可怜）了。黑头发变成了灰头发，光光的面皮子成了洋芋皮。我黑菊花绣花的新衣服也半长柜呢，想要个人呢，就是没个精神。长面花卷子黄发糕，我黑菊花哪一样比人做得差，一根面条捞一碗呀。哐当一声响，那个下雨的晚上我一夜没合眼，以为土匪跳墙进院子了，早上一看是葵花头大着睡下了，我黑菊花守着活寡命苦得赛苦瓜。麻皮子的洋芋我给你存了半地窖，新杏子我给你晒成了杏皮子，活在这个阳世上人要讲良心呢，大虎子你狼一样过着独日子，你吃香的喝辣的，你不亏心死吗？有一晚我梦见大河里划过来一只船，我想你要回来了，我穿得新崭崭地在崖上望到了天黑，人们都笑我，说我黑菊花一个人蹲寡了……

——设若是细细听这黑媳妇的哭诉，还真叫人肝肠寸断呢。可没人顾得上她，就杨树上几个喜鹊“喳……喳……喳……”你呼我应地笑她呢。

人们真的顾不上哭成泪人儿的黑媳妇了，有的干脆跨过她的腿进到她家院子。院子里的娃娃大人实压压的，上房的木格窗也叫人推开了，人们挤着看炕沿上的那个尕仙女。

就单那个花儿一样的尕仙女也就罢了，她怀里还紧紧抱着一个人们从来没有见过的稀罕物——古怪的大匣子。几个和炕沿一般高的娃娃，手乱摸着那个东西。尕仙女腾出一只手，搡了这边的小手，那边的小手又上来了。

“来，莲娃，给人们拉上一段。”大虎子说。

“哎，爹。”尕仙女跳下炕，眼睛笑成了两牙月亮。

尕仙女的一声“爹”，让人们一阵惊叹，炕边挤着的娃娃们“轰”地往后退开一块儿空地。

“爹——”娃娃们学尕仙女的声音。

“这些尕子子们（小娃娃们），我是莲娃的爹，又不是你们的爹。”大虎子笑着说。大虎子一笑，脸上的褶子堆到了嘴两边，活脱脱就是他那个被土匪炸死的爸。

“呜——”变戏法似的，尕仙女拉开了那个匣子，匣子的一半风箱褶子拉开了，越拉越长，长到尕仙女的小胳膊再也拉不出去了。

“琴。”有人喊。

匣子这一边是一排好看的碎台子，黑黑白白的，尕仙女的一只手鸟儿一样在碎台子上跳起来了。呀，音乐响起来了。鸟儿在河面上走步，河水哗啦啦的，狗娃子们满坡打滚，杨树叶在招手，五颜六色的花儿开了一河滩。

尕仙女的小头歪着，下巴紧挨着琴，脚尖在地上打着拍子。琴声风一样吹到每个人的脸上，再风一样穿过大虎子家的院子，蹿遍了整个庄子，蹿到了土苍苍的崖上，一直蹿到了山的那一边。人们的脸上显出了少有的神情。

琴声停了，琴匣子合上了。没有一个人说话，人们还在听呢。

来，莲娃，再拉个火车。大虎子说。

哎，爹。

莲娃，以后叫爸，不要再叫爹。

哎，爸。

羊头山上的人没见过这么惹人怜爱的娃。

“爸——”娃娃们又学着尕仙女的声调，大虎子又笑了。狼一样凶的大虎子变善了，爱吃独食的大虎子带来了一枝尕苗苗。

“呜……哐赤……哐赤……”风箱灌满风，长长地扯开，尕仙女用小手一点点把风往怀里压，琴声越来越轻，火车越走越远了。

人们的心也跟着火车走远了。

很多年后，羊头山的人们都还清楚地记得那一天。干焦干焦的羊头山命里缺水呀，尕莲娃的琴声像雨，沙沙沙地撒进羊头山的黄土里，像月光，柔柔地拉在山尖尖上，像向晚时裹住羊头山的那种淡淡的蓝。尕莲娃的琴一响，一羊头山的马莲花儿忽地一下全都蓝莹莹地开了。

“我家娃叫莲娃，她老家到处开的都是莲花。莲花，莲花你们肯定没见过，是南方的一种开在水里的白生生的花儿。”大虎子对大家说。

羊头山上的杏花、梨花、苹果花开在树上，羊头山上的洋芋花、胡麻花、大豆花、葱花、马莲花开在地里。羊头山上的人们确实没见过水里开的白生生的花儿。

后来呢?

后来，人们慢慢地知道了，这些年，大虎子金盆洗手不干土匪了，他坐着火车跑到南方，各处给人们干活，大虎子烧香念佛赎罪过，变成了一个善人。

大虎子领来的是个会拉手风琴的没爹没娘的娃。苦命的尕莲娃，早早死了妈，爸是个教音乐的老师，可怜他在兵荒马乱中也病死了。

黑媳妇黑菊花破涕为笑了。

尕莲娃的爸活着时拉一手好风琴，还作过好多曲子。尕莲娃那天拉的曲子是他爸教她的，名字叫《黄丝蜜》，尕莲娃说，黄丝蜜是一种很甜很甜的圆圆的小点心。

娃娃们的嘴里淌涎水了。

后来,羊头山的娃娃最爱听尕莲娃拉的《黄丝蜜》,《黄丝蜜》一响，娃娃们一起舔嘴皮子。

那一年的三十晚上,尕莲娃给黑媳妇单独拉了个《黄丝蜜》,然后钻到黑媳妇的怀里，叫了一声和黄丝蜜一样甜的“娘”。黑媳妇说，我的乖娃，叫妈。

妈——

流徙

一

锈蚀凝固在斧刃，像一朵褐金色的蘑菇。

柴房子只开个一尺见方的天窗，里面塞满板料、椽子、木墩、半成品的桌椅柜子，木头们高高低低、挤挤挨挨。是父亲的仓库，一个老木匠藏娇的金屋，但父亲给它一个贫贱的称呼：柴房子。事实上，从天窗射进的一道方正的光亮刚打下来，就被深深吸进密密匝匝的木头，柴房子幽暗如同洞窟。

我在柴房子里乱敲一气，只等几只老鼠尖叫着蹿出，再拿棍子往一个缝隙里使劲伸，木棍碰到了铁，我告诉父亲，小斧头就在那里，我的棍子已经摸到了它。

父亲把小斧头遗漏在柴房子里，找了几次，都无果。斧头身形太小，我一直知道它的藏身之处，就在歪斜着身子的一个三根腿的椅子下。我想拥它为己有，但父亲不答应，所以他总是找不到它。这次我们终于谈妥，我说，我倒一个假期的尿盆，如果我找到，小斧头就归我。父亲答应了。我家在大院最里角，往院外的公厕倒尿，要经过很多人家。抱着尿盆，我常常披头散发假装睡眼惺忪摇摇晃晃。重重的粗陶尿盆，没有耳朵，偏要人将它怀抱，这令我更加羞恼，为躲避倒尿，我常与姐姐殴斗。

小工具和小动物一样，有着事物原初的可爱，比如药房里金灿灿的小戥子、银匠师傅手里大不过巴掌的锤子。父亲的这把小斧头专门用来砍斫精巧之物，镂空木雕、支撑木器的老虎爪、盘花门扣之类。所以垂涎它，是因为我爱好收集各种小物件，之前，我已收留了父亲丢在工具箱里只有半个纸烟盒大的推刨，我相信这个小斧头和小推刨是一对儿绝配。斧头终于拿出来了，但我惊叫着把它扔到了父亲手里。小斧头变样了，作为核心的斧刃，它魔幻地成了一朵锈蚀斑斑鼓鼓欲胀的蘑菇。父亲啧啧直叹气，两只手将它倒换，像拿着了一个刚从炉灶里烤出来的洋芋，他问了好几遍，怎么能锈成这样？一脸不忍目睹的表情。他拔下斧子头，“嗖……”隔墙扔出。

是我的阴谋让它长出了毒瘤？深深的愧疚让我心疼。像一小截幼兽的骨殖，细小的斧柄，一直散发着隐约的冰凉的铁腥，它躺在我的文具盒里，像在棺木中一样静寂。看着它，绵长的难过陪了我好久。

有时，铁抵不过木头，在时间里，貌似强硬的东西或许更容易损折。

现在看过去，那个锈了刃的小斧头，仿佛一个隐喻。

二

那天，几乎可以算作小时候最明媚的一天。

屋外椿树上的鸟儿，一定比哪天都叫得早叫得欢。姐与我不计前嫌，互相用烧烫的木筷烫弯了刘海。弟弟穿上母亲给他新买的海军衫。父亲一早就候在瓜果铺门口，等到了第一波新鲜的白兰瓜。父亲、母亲、姐姐、弟弟、我，一家五口，第一次也是唯一一次集体出游。我们走遍了城里那个有塔有庙被称为公园的矮山。太阳明亮，三个女人在借来的 120 相机镜头前不停摆弄姿态，母亲瘦削黧黑，姐姐美艳高挑，而弟弟，则在那座老白塔下面给父亲耍弄才从电视上学到的醉拳。父亲一直背着沉沉的白兰瓜。在一个开阔的山坡上，面对黄河，并且能隐约看到我们家的地方，我们吃瓜，一边指点山河家园。那时的白兰瓜，用父亲的话说，还没有串种，是世上最甘甜的瓜果，常常在吃过的好几日，嗓子还有被甜味灼伤的感觉，但被甜味灼伤，多么美妙。一家人温馨地游玩，父亲与母亲举案齐眉，姐妹兄弟情同手足。

我时常会翻看那次出游时的老相片。父亲搂着弟弟，两个男人，并肩坐在一个栏杆上，弟弟有依偎之态，而父亲，虽然肩膀那时就已歪斜，但足可支撑他未成年的儿子。

那天深夜，我被一星星溅在脸上的凉水激醒，枕头旁，水正从顶棚滴滴答答跌进粗陶尿盆。错落的滴水声响满一屋子，炕上放满大小盆罐。黑沉沉的屋外，雨粗暴地在泼。学“瓢泼大雨”时，我不知道瓢的样子，老师说就像我们用的马勺。雨不是用瓢泼出来的，天就是个大马勺，是马勺翻了。多么戏剧化喜忧参半的一天，白天我们喜笑晏晏，深夜，屋顶雨势如鞭。大炕上，我们一家五口在一小块干燥处坐成一团，默默地看着一屋子叮叮咚咚的雨。

屋子后墙是第二天快中午时坍塌的。我们的家破了一角，后墙之外露出一块儿奇怪的青天。墙是顺着一个小地洞开裂并倒塌的，地洞是父亲不久前挖的一个下水道，这省去了我们每天清早怀抱尿盆穿越大院之苦，但它损伤了屋基，一夜大雨让屋子内外交困，家破了。老天爷给我们制造了一个离开这里的最好理由。我们每人背着一个大包袱，簇拥着父亲推的一辆装满家什的架子车。我们要去一个新的安身立命之处。木匠不能背着他心爱的木料上路，这让父亲心伤。之前，柴房子里的木料被全部陈列，父亲选了又选，最后，把精选的木料整齐地放在架子车车槽底部。父亲推着车子，一边回头频望那些他无法带走的木头。

我摸摸满是裂口的椿树皮，算是与屋外的椿树做了简单的告别。椿树是我们家的朋友，但大院的男孩子经常拿它吓我，说这是棵闹鬼的树。夜晚我最怕看它浓密的枝杈在大风里前俯后仰，我每每强迫自己在家人关灯前入睡，这样就可以把鬼遗忘在屋外。夜晚，大椿树的样子就是鬼在我心中的样子：高高大大、乱发披靡，说起悄悄话来像微风吹过树叶，而它发起脾气，会怒打窗棂和屋檐。树干上，我们姊妹和弟弟用红粉笔标记了我们的身高，姐姐最亭亭玉立。弟弟长得很快，他的红线马上就要和我重叠。我们交战时，他已不遗余力，他学会了用重拳袭击女孩最柔软的部位，还从不招致父亲的责骂。父亲常说，男孩子肩上有灯，灯能照着男孩子前行，这虽是父亲的寓

太阳明亮，三个女人在借来的120相机镜头前不停摆弄姿态。

言之灯，但我和姐姐都不敢碰他，唯恐弄暗灯的光亮。弟弟果真比我强壮，他抢下母亲按姐姐的身形包裹的包袱，把自己的小包袱安放在姐姐肩上。

又一次集体出行，我们走过长长的院子，很多人在假装看不见地目睹，他们在悄悄议论，有的人脸上拼命藏住讪笑，这些我都能看出来，我没端尿盆子，我让大院最后一次尽收眼底。在性格孤僻倔硬、木工手艺一流的父亲跟前，他们从不敢大声说话。这是一次今天看上去充满悲情的诀别。但我暗自兴奋，家的迁徙让我觉出，先前的墨守成规有多枯燥，将要开始的各种未可知令人遐想。那是一个不懂生活的轻和重的年龄。我尚不知，一个家需要把称为家的屋子像树一样栽在地下，也不知家的更多的看不见的东西自树的根部抽枝发芽。

那是一场象征主义的大雨，屋漏偏逢连夜雨，心高气傲的父亲刚刚办了调离木器厂的手续，我们没有理由再留在工厂的家属院，父亲母亲和我们都不是死皮赖脸的人。一家五口将辗转别处。

流徙开始。

三

家是什么？家就是能装进一家人让他们长期在一起的房子。

我们的家搬到一栋火柴盒似的红砖楼的顶楼。楼在大山向城区过渡的一个大台阶上，人们把这样的大台阶叫坪。坪上风大，大风刮过，几面窗户哐当作响，家仿佛随时都要散架。

这一年，发生的明显变化是：家高了，弟弟高了，姐姐高了，我高了，但父亲矮了。

父亲矮了，原因是他的腰更弯了。流离失所让他的头垂得很低。小时候他早出晚归挑担卖瓜，每天走二十多里路。担子压弯了他的腰，压歪了他的肩膀。后来，他又开木头扯大锯、做木器，背弯成了弓。现在，高居顶楼，离开木器厂，没了柴房子，远离了木头，父亲缺了个大依靠，这个先前在木器厂号称五虎上将之一的老木匠，他的身子越来越斜向一边。

但在这个局促的家里，歪着身子的父亲坚韧地给家里打造了一批家具：高低床、高低柜、大衣柜、弹簧沙发、碗柜、躺椅。这是他做的最后一批家具，造型新颖，遍布细节，每样家具前后左右，都用花纹相同的木料呼应，流水纹流出过程，菊花纹开出雌雄，流云纹首尾相衔，技艺炉火纯青。凡看到这些家具的人，无不感慨它们的精美。父亲深谙木头的肌理和脾性，在别的木匠用厚厚的油漆粉饰木头的时候，他只在木头上刷一层薄薄的清漆，精妙的木纹在蛋清一样的清漆下纤毫毕现；当别的匠人发愁一块好料坏在一个大木结子上的时候，父亲把愁肠百结的木结子安排在老虎爪最需要抓住地面的地方。

一双长满老茧的手掌，摸过婴儿肌肤般光滑细腻的木材，样子亲昵又小心翼翼，这时的父亲是个和平时不一样的父亲，一个和木头情深义重的父亲。他拒绝射钉枪、拒绝合成板材、拒绝白乳胶，所有异化木头的事他都严厉拒绝，调离越来越现代化的木器厂，正是父亲无奈的抵抗。一个原创性的、带有个人情味的手工木器制作的时代已然式微。那个叫时间的东西变快了，人们来不及用手做东西了。在这些父亲最后的作品中，有他复杂的情感：忧伤、回忆、纪念、铭刻。

木匠的好手艺没了用场，父亲身上陡生荒凉，他腰弯背驼、铿锵的声气开始变得犹疑，那个曾经不可一世的人渐渐走向生活的背面。

城市的火葬场就在坪与大山的交接处，坪上的清晨开始得很早，天色昏昧中，一阵阵为亡灵引路的鞭炮一路炸响，冥钱满街翻飞。刚刚过世的人在这条通向火葬场的路上走向往生。路紧靠着我们的楼，刚烈的鞭炮声不断将我们惊醒。坪上的夜晚来得也早，天色刚暗，人们就早早守在家中。那时，我刚好学到一个词——魑魅魍魉，四个字黑影憧憧，比肩接踵。长相相似的魑魅魍魉们在深夜的坪上游荡。

父亲将工具箱束之高阁，但独独孤立出一把大铁锯，把它挂在总门背后。不出多长时间，锯齿生锈，大铁锯怪模怪样，像洞开的大嘴中长了两排龋齿。木匠心爱的工具长满锈渍，并且排上了别的用场，这常让我想到那把斧刃上结出蘑菇的小斧头。斑斑锈渍，看上去沉默、荒凉。

为什么在门后悬挂铁锯，我不敢请教父亲，这是件需要领会的神秘之事，我觉得和魑魅魍魉有关。

大铁锯并不能抵挡一切。

一天中午，家里寂然无声，父母在午睡，我们各自做着事。突然，家的两个方向的四扇窗玻璃同时碎裂，声音惊心动魄。更叫人惊骇的是父亲。父亲从床上爬起，浑身发抖、目光乱颤。他几乎是爬行到了窗户边，半跪在窗帘后面，从一个细小的缝隙里向楼下窥望。能听到楼下几个小伙子哄笑着远去。断裂的窗棂嵌着碎玻璃在颤动，空气里一直回响着玻璃的破裂声。是美艳的姐姐招来的祸患，他们中的一个小伙子要和姐姐交朋友，姐姐不应。父亲斜着身子冲到姐姐跟前，给姐姐几个响亮的耳光，姐姐没有错，但她知道又是自己的错，她不言语，只是哭。

父亲受到了惊吓，他变得卑微、胆怯，说话小声小气，仿佛随时有人在门口偷听。像聋哑者，我们渐渐学会了用手势和表情交谈。父亲成了几个不一样的父亲，对外，他唯唯诺诺、慈眉善目；对我们，他是一头雄狮，随时愤怒、咆哮，当他斥骂我们痛打我们时，那些叫人忍无可忍的脏话，在楼下也能听得一清二楚。

自卑、敏感、怯懦、忧伤，源远流长地长进我们的骨头，然后，我们要花大半生时间与它们交战。先时，我们的家，虽藏大院深处，但它敞开、明朗、月光可鉴。在我们高居坪上、顶楼时，我们却像住进了洞穴，我们有了很多啮齿动物的习性，胆小、警觉、坐地为牢。

一条不堪重负的虚弱的河，它不掌控流淌的方向，决定前途的是周遭——它面临和即要面临的所在——我们的家和家中每个人的流徙正是如此。

四

忧苦和惆怅淹没着父亲。他担忧些什么？愁苦些什么？

姐姐的长相太引人注目，长成女人的姐姐穿那么鲜艳；山上的舅舅到我们家，一住就个把月，母亲给她的大哥买来一碗碗卤肉；母亲的男同事那么大方地给我们撒一桌子亮晶晶的奶糖；弟弟混迹于不三不四的人而逃学离家，还偷吃他的纸烟；寡言的我总是和他犟嘴，他打我时我从不服软；隔壁家总咯咯咯地笑；四楼那个白脸女人一见他就对着楼梯口吐痰；楼下游来荡去的小伙子一个个面目可疑……父亲的忧苦具体细碎、层出不穷。

在新单位，父亲无所事事，他要求借调到一所中学，为那些坏旧的桌椅缝缝补补。一天，我从教室窗户看到一个背影，他歪着身子扛着一个耷拉着一条腿的双人长椅，走进了学校后院。父亲从未告诉我他就在我们学校。课间，我跑到后院，在学校那一排长厕所旁边，一个门窗低矮黑黢黢的屋子，隔着没玻璃的窗，我见父亲佝偻着身子在做活，水从眼睛里涌出。之后的很多时候，我在公车上，见他歪着身子费力地踩着自行车；在上坪上的大坡，我尾随在他身后，看着他的背影。或者，在课堂上，眼睛前头出现了他的样子，水就要从眼睛里涌出。这些眼睛里出来的水，我不能叫它们眼泪，我不知它是什么。

想到养家糊口的不易，我决定在父亲暴怒时，不再与他积极抵抗，我只沉默。父亲掴我一个耳光，我沉默，父亲用脏话斥骂我，我沉默。父亲说，你只要说一句软话，我就不打你，我还是沉默。我要为他的无理服软，我就不是这个倔硬的老木匠的孩子。父亲一脚将我踢远，说，这个死娃娃，煮熟的鸭子，肉烂嘴不烂。

我一眼认出半坡上烟酒铺门口，父亲那辆破旧的自行车。车座被他的身子压向一边，车把手上挂着破旧的手提包。父亲下班后，经常靠着柜台喝一碗散酒。这个我熟悉又陌生的男人，我唯恐躲避不及，但我怕他喝多，常常藏在一处，窥探他，等他喝完，跟着他，看他摇晃着把车子推到楼下。

平时，话少到没有的父亲，喝了酒，话像破了闸的河，他自顾自在房子里踱着步说，也不管是否有人听，走累了，躺在他做的躺椅上继续说。他纵横开阖、说古论今、针砭时弊。那把他亲手做的精美的躺椅，他已不怎么爱惜，说到激烈处，他拿手里的东西使劲往扶手上磕，有着漂亮木纹的半个圆弧的扶手被他砸得坑坑洼洼。我们习惯了这样的连珠炮似的话外音，他忙不迭地说话，我们就格外清静。母亲和我们有条有理在厨房里做晚饭，煮饭的空档，我们还会和母亲踢踢毽子，母亲的大跳跳得很好，她腰肢柔软，长辫子飞起，毛毽子总是稳稳地落到她的脚掌心。

但有一次，父亲喝完酒回到家，一个劲哈哈哈地笑，我们都很奇怪，问他怎么了，他说先前大院里花花的爸爸死了，笑死的。

真是意外。花花家五朵金花，没有儿子，他爸爸一样开心，他唱戏、打拳、下棋，整天谈笑风生。他给他的女儿们剪牛筋橡皮筋，给她们头上扎花头绳。花花敢坐在她爸爸的腿上看小人书，我们不敢。她爸爸虽算不上木器厂的五虎上将，但他会给鸡做手术。有几天，她家的公鸡不打鸣了，她爸说是嗉子里塞了石头，他给鸡嗉子做了手术，取出一堆小石头，鸡果然又伸长脖子喔喔喔地大叫了。大人们老说人的面相，我觉得我也看得准，玲玲妈妈长的就是苦相，她爸爸外面有了女人后，玲玲妈妈打老远走来，你见她青黑的脸就像在哭，她其实没有哭脸上也没泪，但她就像在哭，分分秒秒地哭。她果然早死了，死在乡里的娘家。可花花爸爸不一样，他满面笑容一脸福相。父亲说，那天社火队要到大院，花花爸爸眼馋，要了太平鼓耍弄，快一人高的太平鼓，花花爸像小伙子一样，又是翻腾又是打鞭，他开心啊，玩着玩着突然躺下了，死了。死了，还张着嘴巴笑。

哈哈哈哈，父亲说，好啊好啊，欢乐是个死，惆怅还是个死，笑死好啊笑死好啊。

在魑魅魍魉的坪上，父亲最忌讳说的一个字就是“死”。他说某个离世的人，就说他走了，缓下了。这次他确确凿凿一遍又一遍地说着“死”字，仿佛笑死，与那离世的人就不是死，与在世的人听着，也不带来阴气。但他感慨这样的死法，仿佛生着就是忍受。我们也确乎并未因花花爸爸的死感到阴郁，我们眼前的确是明明朗朗的喧天锣鼓，欢声笑语。

但后来，我们切近地知道了一种死。我们不说死，却死到了我们楼下。

作为大山和城市之间的交接地带，正好是几种气流迎面相汇之处，坪越来越呈现复杂奇怪难以确定的样貌。坪上，每天都有陌生的面孔。城里的人踟蹰不定地想回归大山，山上的人下定决心要靠近城市，流浪汉们在此落脚，心怀不轨的人也在这里藏身。怀揣各自理想的人们，在坪上汇集、交锋。

有段时间，楼道里一直弥漫着一股恶臭，气味日渐浓重。臭味最后浓浓地集中到了顶楼我家门外的楼道。恶臭从门缝里窜进，叫人无法忍受。楼道里的人纷纷猜测臭味源自何处，但父亲拒绝参与议论，并且再三低声告诫我们不可胡说八道，父亲的表情紧张怪异，我们看出了气味的不祥。一天，传来消息，就在我们楼下的一套屋里，多日前，一男一女被残忍肢解，一部分肢体在坪上的铁道边被发现，而另一部分一直就在屋子里。我和姐姐尖叫着躲到屋子最里间，但隔着一个楼板，下面就是那间凶宅，我们躲不过脚下。这是弟弟的描述，屋子里到处是血污，臭味熏得人睁不开眼睛，警察将两部分尸体核对，最后发现少了死者的两对儿眼睛。为什么端端少了他们的眼睛，人们议论纷纷，说人的眼睛就像照相机，死了的人会用眼睛拍下临终最后一刻看到的画面，杀人犯怕被杀的人眼睛里存下他们，就把他们的眼球挖了。

警察纷至沓来，反复问询，但没能从我们这里得到任何有价值和无价值的线索。父亲一马当先出面作答，回答简洁冷静。警察问，是否闻到什么特别的味道，父亲说，没有。警察问，是否听到什么动静，父亲说，没有。警察问，是否在楼道里见过生人，父亲说，没有。是父亲害怕，他想快刀斩乱麻。

狠毒、残酷、血腥、狰狞，人性之恶已至极端，必须不停地断开想象，才不至于一直心惊肉跳。父亲的冷静是表层的，他的担忧不是没有道理，魑魅魍魉们正在逼近，钢牙林立的大铁锯不足以令我们心安，每天傍晚，全家人到齐后，父亲立刻反锁家门。

紧锁的家成了防线，但恐惧还是得不到安抚，一部分恐惧源于这个残忍事件，另有一部分恐惧源于父亲的惊惶。每上下一次楼，我毛发直竖，楼道里那间屋子的窗户，就像大睁的眼睛，散出屋里的气息，还张望着上下楼的人们。我多么期望逃离。

姐姐出嫁了，她嫁给了一个腰上别枪的保安，这叫父亲和我们安慰。心慌手抖的老木匠已无力给他的女儿打制家具，他给姐姐陪嫁了一个木头锅盖。

像《雷雨》中周朴园家的窗户，自打那次窗玻璃被砸碎后，我们的窗户再未打开过，父亲钉死了窗户，并给新安的玻璃蒙上了几层厚厚的塑料，坪上风大，风把外面的一层塑料撕成一缕一缕的。每每看着这徒有其表的窗户，我便想起未出嫁前我那如花似玉的姐姐。

五

108颗佛珠，在母亲的手中变得光亮滑润。是牦牛角的佛珠，金子的颜色，透着光，有玉的质感：温静、润泽。一根丝线，将108颗小珠子结为一个圆，将小珠子变成佛珠。有人说，“佛珠”有谐音“弗诛”的意思，但我还是喜欢“佛珠”，“佛珠”躲过杀戮、慈爱、安宁。小珠子整齐如饱满的玉米，手指一粒粒掐过它们，感觉非常微妙。

母亲静默地掐着佛珠，千万次轮回。一些东西跟着小珠子走了，又一些东西跟着小珠子来了。母亲安详的神情里，有着月亮的光泽。一粒粒佛珠均匀地在母亲手指中滑过，细密隐约的声音宁静、澄澈。佛珠细碎的磕碰，总是穿过夜晚的黑色直达我的耳膜，那是母亲的声音，也是坪上我们家夜晚的声音，我在这声音里入睡。

我不知母亲是否真正了解佛珠的含义，但我相信母亲将某种意念倾注佛珠，那意念又静静地自佛珠漾开，浸润她，让她安然面对一切。那串小小的佛珠，是她苦辛晦暗的日常中的一个依托，或者是她从此岸到彼岸的一个小小的舟楫。唯其这样，我才相信，在人世间，你可以瞩目某个小小的东西，长久地融入你的精神，它便有了灵性和光辉，便可以引导你，让你轻盈飞升。我不知这是否是佛珠原本有的宗教含义。

母亲带着她的108颗佛珠离家出走了。

普鲁斯特的小玛德莱娜点心，让他想到，有些历史附着在一颗小点心中那一一点难以言尽的滋味里，你的唇齿和这种滋味相遇，记忆就醒了，你甚至会想起品尝这颗点心时窗外射进的那一线光亮。而一滴悬垂的奶汁，总会让我想起母亲，年轻时的母亲。那时，在大院的家里，因为我过于瘦小，母亲从山上的舅舅家牵来一头母羊，要挤羊奶给我喝。母羊拴在椿树上，咩咩咩，很娇气。我不爱喝羊奶，嫌味膻，躺在炕头耍赖，母亲站在我头顶，说好喝得很，你看我喝，她每喝进一口，嘴上留下一滴奶汁，用那滴奶汁馋我。羊奶被母亲喝得滋味悠长，我仰躺着，目不转睛地看她嘴上留的一滴羊奶。一珠液体的体积最大能有多大？比如一滴水、一滴蜜、一滴乳汁。但那滴羊奶一直大大地悬在我眼前，比任何一珠液体都大很多，那滴羊奶里还有母亲的声音，母亲的样子，我端详这滴羊奶二十年。我无数遍想母亲，希望不断在梦里和她相见。

老木匠的小女儿也出嫁了，他永不知这样一个细节，刚结婚的几天，她的小女儿总在夜半突然惊醒，要把熟睡在身边的丈夫喊爸。缘何我会觉得身边的男人是他——我的父亲？

木匠给小女儿的陪嫁，是一根杨木的小擀杖。小女儿恓惶地离开娘家，家里没有娘了，只剩了两个男人。

弟弟走上了歪路，他卖光了父亲做的所有家具。多么叫人心碎，父亲的手艺流落到了陌生人家，他们会懂得它们疼惜它们吗？这些家具被人强行拉走，绝望的父亲拖下他的工具箱，狠狠地丢到路上，发誓从此要和木头决裂。我把工具箱拉到自己家，夜深人静时打开端详，大大小小的推刨、铁锯、钉锤、扳手、尺子、墨斗、柳树枝做的钻头……我端详它们，眼睛里又有水要涌出。老木匠与无辜的木头有了怨仇，他晚年时，屋子里甚至没有一把像样的小木凳。他与木头有了怨仇，也和往昔有了怨仇，很多事都反过来了，深爱成了切齿的恨，木头、儿子、妻子。

另一个男人，他肩头的灯没有照亮他前行的方向。他被拘囿在遥远的山洼，我和姐姐在月光中起身，太阳当空时才获准看到憔悴不堪的他——这个我眼中曾经异常俊美的男孩。在别人的监视下，我们一言不发互换物品，我们给他臊子、咸菜、罐头、纸烟、大饼、过期的报纸，他给我和姐姐一人一个项坠——两片有个小洞眼的用河卵石磨制的薄滑精致的椭圆。

两个聊以度日的椭圆。

一条冬日里细弱的河淌在山洼里，狭窄漫长的山洼，树木枯败，河边躺满一颗颗圆滑坚硬的河卵石，在夕光里，油黑的它们闪着一朵朵光。回程的长途车上，我们有了念想，姐姐捏着那片小石头，久久望着窗外。我的那片小石头被我的手心捂得温暖湿润。往昔，姐姐最疼爱弟弟，三个孩子的阵型，很少是匀称的等边三角形，姐姐和他更亲，而我和他更喜欢战斗。很多年后，弟弟重病中，讲给我两件事，一件是，小时候我们去相馆拍照，我用唾沫一口一口弄整齐他的头发；另一件事是，有一次我们打架，他一拳打到我的乳房上，我昏倒在地，好些时间才醒过来。我奇怪这样刻骨的爱和疼我都忘了，我记得更多的是小时候的他，那么漂亮，那么可爱，我下一节课就要飞也似的回一趟家看看他。我给老师拿手指比画，我弟弟的脚丫子才这么小，这么小啊。

弟弟又回到了坪上的家中，家已非常破旧，也很冰凉，没有母亲，没有姐姐们，只有一个终日悲怨的父亲。不久，趁着父亲熟睡，他割破自己的身体，他想杀死自己，流了很多血，但没有成功。

父亲逃到了姐姐家，他从此不再与他的儿子相识。自此，我们的弟弟，我和姐姐便将既是他的姐姐，又是他的父母。

父亲开始和他离婚多年的大女儿相依为命。在姐姐家总门后面，父亲挂上一面大刀，木头的大刀，弟弟小时候父亲给他做的玩具，金粉漆的刀把银粉漆的刀刃，刀把上系一根红绸带。

和那把锈蚀的小斧头不同，在漫长的时间里，木头显出了它的好脾性，它不容易变成别样的物质，它不会结出锈渍，它只会慢慢地老一些，再老一些。和风烛残年的父亲比，木头的老多么缓慢。它在门后，抵挡魑魅魍魉，银粉闪闪的刀刃，呈现出刀的光泽。这把刀，是老木匠快 80 岁时，留在身边唯一一个他亲手做的木器。

六

是城市里少有的一个圆形建筑，在城边的山顶鸟瞰，它就像一个揭了盖的精美谷仓或者鸟巢，椭圆的底端躺着天蓝色跑道。这是城市里最早的一个体育场，一圈高大的看台构成一个矗立着的圆圈，高高的圆墙之外，很多人围着它晨练或在黄昏时走步。

我迷恋上转圈，向晚时，混迹人流，踽踽独行。我想起德国艺术家克利的一根“行走的线”，一根有方向的线，一旦前行成圆，仿佛圆满，但又没有穷尽；仿佛可以不断与起点相逢，但又永不是那个起点。在高台之内那块平整的场地上，我曾参加过一次集体舞表演，小学时的一个儿童节，几十个女孩子分成若干组，在大喇叭放出的欢快音乐中跳皮筋舞，蜡光纸把橡皮筋缠得金光闪闪。蝴蝶结翻飞，每个人流光溢彩，音乐结束时，我们把脚下的橡皮筋定格成一个个金灿灿的五角星。掌声响起，我们气喘吁吁对视欢笑。圆最适合聚合，聚合目光、欢乐、能量。我张望往昔，那个参与其中的亮闪闪的女孩，仿佛另一个人。

体育场又像个大线团，把长无穷尽的跑道一圈圈缠绕在一个圆上，圆又让人想到钟表。在高高矗立着的看台的大圆外，很多人习惯逆时针行走。我切实地经历着课本上的常识，如果和某个人逆向而行，循环往复，你将不断与他相遇；如果同向并且匀速前行，你与前方的一个人永远相隔同样的距离。

体育场和我家一马路之隔。春天，体育场里，那排高大的梧桐树绽开满树大花，水洗旧的粉红花瓣，散发暗香。后来，每走到这排大树跟前，我会透过树枝，张望一扇窗户。那是个临时的家，姐姐和父亲在里面，父亲或许正靠着床看电视，姐姐大约正洗洗涮涮。

父亲老了，姐姐顾不过来他了，姐姐把家租住到我家附近。父亲很快喜欢上了这里，再无熟识的人可以遇见，再无熟识的事物随便勾起他的回想。没有人看见他的生活，即便蹒跚于转圈的人流，他也不止于慌张担忧。我有时尾随父亲，像小时候那样，我们始终隔着距离，我们不迎面相遇，也不比肩而行。父亲歪斜的脊背写满悲切，他的白发像一盏行走在人群中的灰蒙蒙的灯。一天，我坐在远处，看父亲歪着身子走过，双脚拖沓的声音一直传到我这里，昏暗欲雨的天上，一个断了线的黑色人形气球，从他头顶缓缓地飘过来，从我的头顶飘过去，再缓缓消失在空中，那是个小小的人儿，我的心被忧伤浸透。

我们转着同一个圈，又仿佛一个隐喻。再后来，我和姐姐更频繁地往来于这个圆中。弟弟病重，我们在体育场给他租了一间小屋。从城市的不同方向，姐姐、父亲、弟弟、我，隔着很近的距离，我们貌似再度相聚。

弟弟的前方，伸展出一条可怕的路，我和姐姐都明白，不远处，有他难以逃过的终点，但终点离弟弟太近了。我们怕我们禁不住。

两个男人，在一个圆上，他们从不相互提及，也从不知晓彼此近在咫尺。父亲歪着身子，还能在这个圆上蹒跚，而我们的弟弟，拄着拐杖，走半圈已倾尽全力。

圆，一个多么圆满的词，稍有曲折，它就不成其为圆。首尾如若不能相衔，它们便永远错失完整。

弟弟总是嫌冷，夏天的太阳那样热，他还是手脚冰凉。他说，以后把我放在一个太阳终日晒着的地方。这样的地方，人世间有吗？

记得小时候，我刚开始学蜡笔画时，很喜欢画房子，我不懂透视，画出的线条构不成房子，后来我知道，窗户和门是方正的，但屋顶和墙要在纸上拉成好看的矩形。房子是有生命的，窗户是房子的眼睛，可以看进去也可以看出来；门是房子的嘴巴，含进去一个人，吐出来一个人，如果是家，出入的都是亲人。我后来学会画树，我画出一棵椿树，枝丫亲密地挨着矩形的屋檐；我把窗户画得很大，好从窗户看见屋里的大炕，炕上有父亲做的炕桌，旁边坐着父亲母亲，我和姐姐还有弟弟，我们在大炕上翻染红的羊拐骨；门帘要被风尽可能地掀开大大的一角，这样就能看到满屋摆放的父亲做的家具。只是家，一定不能再被大雨下破，家，要长出长长的根。

梨花堆雪

一

小六儿写字时，把手往怀里使劲钻，他写出的字很内向，笔画缩成一团。老师要他注意，他的字儿内向得更厉害。和字儿形成反差的是他右手拇指上那根小树杈，他越是把手往怀里藏，那根小树杈翘得越高，看上去有种狼奔豕突的欢快。“小六儿”是绰号，就因为那根显眼的六指儿。

先天的缺陷总给人带来掩藏不了的殊异，由外向内。小六儿的奇怪之一是，你叫他的姓名时，他会听而不闻，而你叫他“小六儿”，他才抬起头看看你，然后答应你。他装作了然无事，对一个15岁却极度敏感的孩子来说，其中的况味太复杂了。复杂在他对那根小树杈的态度上，起先，他用卫生纸把它缠住，纸很快窸窸窣窣破成一缕缕的，那根树杈因为挂满了小白旗欲盖弥彰。之后，卫生纸变成了纱布，并隐隐透出疼痛的红色来。我赶紧背着他请他母亲来，他母亲说他太想割掉六指儿了，但那不是树杈，怎么说割就能割掉，说撅就能撅折呢。他们家在山洼深处，她说家里没有考虑过给他做手术，村子里头上长犄角屁股后面长尾巴的都有，多根指头算什么呢？他母亲笑着说。

我从未定睛看过他的六指儿，我知道这种孩子身上满是眼睛，即使上课时站在他身后，他也会知道我目光的下落。那根树杈儿，那个无事生非发育不全的丑陋的小东西，老天爷粗心大意的算术作品，它孤单、自卑、伤心。身体先天特殊的学生，几乎年年都有，我记得，有一年，一个孩子，红褐色的胎记像一块儿布幔挂满了他的多半个脸庞，这让他从早到晚身体都是佝偻着的；还有一年，一个孩子，因为声带发育不全说话囫囵吞枣，他选择了失声。

除了若无其事似的答应“小六儿”这个称呼，更多时候，小六儿紧张蜷缩。像一只竭力把头塞进羽毛的小鸟，他躲避人，喜爱角落。光天化日下的晾晒，对他是刑罚。所以，在课堂上，与他的交流，更多的是目光，当他沉浸在课堂中时，你会看到他的眼光安谧澄静，无需用提问做印证，便可知他的聪慧远在很多学生之上。目光和心灵的交融在课堂上会带来春天般的温暖，给他也给我。

我一直相信先天不足背后会隐藏不寻常的优长。我在很多身体孱弱的人身上，看到了内心的丰盈盛大，对这个世界的敏锐善感，有时我想，与那些粗鄙的行尸走肉相比，我更喜欢这种异样的丰盛，但得有疼痛做代价，这也许是公平法则，所谓异秉，与之对应的，大抵有某种缺失。

小六儿成绩优异。他的细腻敏感多思，还体现在他的作文中。在从我打小就沿袭过来的一篇以平庸的《我的学校》为题的考试作文中，小六儿写道：我的学校坐落在梨花沟的肛门上。

二

我们学校确实位于一条大沟的沟口，这条楔入群山的长长的大沟可以直通外省。梨花河在沟内蜿蜒，年长日久，这条名字美丽的季节河，越来越细弱，中途就消失得没了影踪，到了沟口，校门外不远，梨花河的河沟已经成了城乡接合部密集的居住者倾倒污水垃圾的臭水沟。

“坐落”这个词显然是小六儿有意美化，山坡上一个简易的三层小楼，面向篮球场大的操场局促而立，教学住宿合二为一，楼的结构很像父亲先前常用的三角直尺，直尺的一短一长除了互相支撑，构成的直角刚好可以让人站在任何一处就能对整个楼道一览无遗。楼上几乎没有死角，这种缺乏私密的外部空间，叫那些情窦初开懵懂爱恋的男孩女孩无处躲藏，常常是在晚自习后的一小段时间，在昏黄灯光的阴影里，他们佯装没事似的目光纠缠一番。这些大都来自大山深处的害羞的农家孩子们，女孩子多是香的，红扑扑的脸蛋和粗壮的麻花辫飘散着雪花膏和洗头膏的香味，而男孩子多是臭烘烘的，头发里散着汗气，脚上是臭球鞋脏袜子。不过，无论怎样，全校师生都知道，三楼过道窗户那里，是小六儿大部分课余时间的私人场所。毕竟像小六儿这样，手上长着小树杈，极度内向，行为又十分怪异的学生在全校没几个。

离群索居的小六儿在那里做什么呢?

要说说春天。

在我的教学时光中的每一个春天，现在看起来都像梦幻一样，仿佛梦幻的极大原因是校园身后那一片雪浪起伏的花海。

这条长长的山沟，周遭自古生长一种梨树，树上的梨子我们称为冬果梨，它皮薄、肉细、汁液甘甜，与别的地方出产的冬果梨的滋味迥异。梨子，已是现实主义的物质，橙黄的果实已经很好地与周遭的土地吻合，其梨花，则超凡脱俗、充满理想主义气息，梨花沟也因着这满山满洼的梨花得名。一场壮阔的大雪，可以让干坼悲情的黄土高原完全变成另一番模样：柔软浪漫情意绵绵。与大雪相似的，最是梨花。杏花粉嫩喧嚷，桃花热闹抢眼，而盛开的梨花则有着洁白、冷静的绚烂。梨花一开，一切都变了。

常常在 4 月的某一天，校园身后的果园一夜间醒了。褐色的枯树杈上繁花绽放，长冬的灰调子上终于撒开了烂漫和明媚。教学楼是最佳观测点，在二楼，你的目光与梨花比肩，视线在花朵中穿行，你与一朵朵花儿相遇；而在三楼，你高过了树，你看到树与枝叶交通，花儿堆叠，面前是一片浩瀚的花海。美妙覆盖一切，包括你所有的内在。但这样饱满深厚的雪白并不会长久，花瓣儿在树上很快就长不住了，树开始下起人雪，雪连下几天几夜，之后，树出落成了翠绿。飘零的寥落之感会惹起心头深深的忧伤，我那时常会想到一个词：伤春悲秋。不知为何，后来的时光中，这个词不多见了。我不知是人不易感了，还是自然的春秋离人越来越远了。

梨花让人的内心纤细、恬静，让枯燥的生活变得湿润、充

在我的教学时光中的每一个春天，现在看起来都像梦幻一样，仿佛梦幻的极大原因是校园身后那一片雪浪起伏的花海。

满温情。

几乎可以确定的是，小六儿也在三楼的窗户边凝视着这些雪白的梨花，我不知道对一个十五岁的少年而言，这样的景致会唤起他怎样的想法。

“我的学校坐落在梨花沟的肛门上。”小六儿语出惊人，来轮流阅卷的别的学校老师大笑着在办公室朗读了这个开头，然后，这个孤独的开头飞出窗户，飞遍了校园。那时正是暑假将来的七月，果园里满树的冬果梨已经长得十分结实，农人们在树中间扯上绳索，以防止压折它们子嗣繁茂的老树。“学校”“梨花”“肛门”，三个意象相距甚远的词语一俟被小六儿组合，形成的句子有了种奇怪的力量，它叫人大笑、叫人猜忌、叫人唾骂，最主要的是叫一些老师失望和伤心。但他们忽视了小六儿的“坐落”这个词对我们这个促狭的学校的美化。小六儿可能没想到，他制造的这个句子像小刀子一样划伤了他，他甚至顾不上遮掩他的六指儿了，现在暴露在众人面前的是整个儿的他，他藏不住自己了，于是，学校里再也看不到他了。他的母亲到学校拿走了他的铺盖，说小六儿终于想通不来上学了，圈里的羊儿们都咩咩叫着等他呢。

三

站在楼台上，望着远方，陷入冥想。有人说我像只鸟儿，这说法很准确。校园外，沿着梨花沟有一条通向远方的公路，我的目光经常徜徉于路的尽头。我一直记得小六儿作文的开头，那句话极为准确和形象。学校外，垃圾堆成小山，沟里的臭水熏得人睁不开眼睛。周末放学后，师生们踩着一溜溜从人家院墙下流出的便溺，一边屏着呼吸疾步穿行，一边挥打成群的蚊蝇。这里不是肛门是什么？矫饰容易沁人心脾，有些话语叫人不适但直击真相。

那时，我是语文老师，那些年是我最好的年岁，但我一直不够愉悦，我觉得很累，梦里总是行走在荒原或者沙漠。可怕的繁文缛节，无奈的应和，连篇累牍的无效劳作，潜在的抵抗使自己很辛苦。现在我知道了，作为那些年的老师，我和很多人都很失败，我们太想站在台前夸夸其谈了，我们看不见面前的一个个人，也没有自我，我们提供给别人思索的事太少了。我们没法儿教给学生更好的认识世界的方法，因为我们本身对这世界欠缺正确的理解。

不必说碧绿的菜畦，光滑的石井栏，高大的皂荚树，紫红的桑葚；也不必说鸣蝉在树叶里长吟，肥胖的黄蜂伏在菜花上，轻捷的叫天子忽然从草间直窜向云霄里去了。单是周围的短短的泥墙根一带，就有无限趣味。油蛉在这里低唱，蟋蟀们在这里弹琴。翻开断砖来，有时会遇见蜈蚣；还有斑蝥，倘若用手指按住它的脊梁，便会“啪”的一声，从后窍喷出一阵烟雾。何首乌藤和木莲藤缠络着，木莲有莲房一般的果实，何首乌有臃肿的根。有人说，何首乌根是有像人形的，吃了便可以成仙，我于是常常拔它起来，牵连不断地拔起来，也因此弄坏了泥墙，却从来没有见过有一块根像人样。如果不怕刺，还可以摘到覆盆子，像小珊瑚珠攒成的小球，又酸又甜，色味都比桑葚要好得远。

十几年后，在江南，我步入鲁迅的百草园——先生儿时的乐园，踟蹰于百草园的每个角落，我眼中所见耳中所听，全是那些年课堂上学生们学习《从百草园到三味书屋》中的这段文字的情景。天光还未亮透，早自习上，学生们声嘶力竭背诵这个段落，背诵课文时，孩子们各自有着奇怪的表情——那种将深陷脑海里的某种东西竭力往外抽扽的表情。学生们要将这段话熟记在心，因为试卷上可能会出现下列考题：

填空题。填入这段文字里，在句子中承担定语、状语的修饰词——鲁迅笔下紧锣密鼓的形容词或者副词；填入这一段中准确生动的动词以及承担了拟人化修辞的动词；填入鲁迅表述百草园不同事物时所使用的关联词。

简析题。鲁迅先生在这个段落中使用了哪些修辞手法，各有什么作用。

理解题。结合课文，谈谈这段文字表达了鲁迅先生怎样的情感。

——教学将文本肢解，情味盎然浑然一体的美感破成碎片，学生脑海中拥挤的是一堆干巴巴的语文零件。多少年来，这一直是语文教学的悲凉。

曲曲折折的荷塘上面，弥望的是田田的叶子。叶子出水很高，像亭亭的舞女的裙。层层的叶子中间，零星地点缀着些白花，有袅娜地开着的，有羞涩地打着朵儿的；正如一粒粒的明珠，又如碧天里的星星，又如刚出浴的美人。微风过处，送来缕缕清香，仿佛远处高楼上渺茫的歌声似的。这时候叶子与花也有一丝的颤动，像闪电般，霎时传过荷塘的那边去了。叶子本是肩并肩密密地挨着，这便宛然有了一道凝碧的波痕。叶子底下是脉脉的流水，遮住了，不能见一些颜色；而叶子却更见风致了。

……

今天，我尚记得《荷塘月色》这两个段落在某页课本上的位置。因为反复抽查学生的背诵，这一页总是被卷折的厉害。精雕细刻的两段文字镶嵌了无限的考点，好像它们天生为着考试而存在。繁复的排比、比喻、拟人、叠音词，外加一个主观性极强的修辞手法：通感。早先，给学生分析朱自清的《绿》时，我已对他的这类文章厌倦，“这平铺着，厚积着的绿，着实可爱。她松松地皱缬着，像少妇拖着的裙幅；她轻轻地摆弄着，像跳动的初恋的处女的心；她滑滑的明亮着，像涂了‘明油’一般，有鸡蛋清那样软，那样嫩，令人想着所曾触过的最嫩的皮肤”。同样铺张的洛可可风格的文字，浮夸密集的修饰太过折磨孩子们的感受。而其过度阴柔黏稠的描写，让人腻歪。但在语文课本中，凡以经典面目出现的文字，都势必强加给学生大批量的机械劳作。而最让学生绞尽脑汁难以内化的，是大批意识形态化的课文中隐藏的“象征”“寓意”，它们更像厚厚的墙，承载着文以载道的使命，沉沉堵在学生面前。

形式总是大于内容，技术大于情感。语文大于人了。

我剥我的皮，我食我的肉，

我嚼我的血，我啮我的心肝，

我在我神经上飞跑，我在我脊髓上飞跑，

我在我脑筋上飞跑。

我熟记郭沫若这首《天狗》诗，并非我的喜欢，而是因为学生们集体朗读这首诗时奇怪的节奏变化，像被谁在后面撵着似的，朗读总会越来越快，越来越快，当最后一个字音戛然落定时，大家不约而同相视大笑，我也会笑，课堂上充满怪诞的快意恩仇。

教师的任务是传授确凿的知识，而非怀疑游离挑剔和心不在焉。我于是不断眺望公路的尽头，那里有一座大山，有一次，小六儿告诉我，那山叫戴帽山，如果云雾像帽子一样缠在山顶，天就要下雨了。

戴帽山雨了，果园雨了，梨花也雨了。春天的一节语文课，窗外又一次梨花堆雪，春雨淅沥，雨水一滴滴挂满花瓣，我突然失神，忧伤难禁，有一小段时间我甚至忘了几十个孩子正好奇地不眨眼地看着我。我说，大家看看窗外吧，这么美的花儿，这么好的景致，对它们视而不见，这是春天最大的失误。

小六儿选择了逃避，我和小六儿一样，无时无刻不在内心谋划着逃离。的确，关于教书育人，对它的感情和热情，我永不如蛙老师和山老师。

四

孤立于沟口的我们的学校，远离市区，师生们每周回一次家。单调乏味的生活，狭小逼仄的空间，孕育出老师之间种种不长久的爱情。而蛙老师对学校对教学，几乎怀有一种殉道般的情感。我叫她蛙老师，因为在她跟前，我第一次知道了蛙类传宗接代的秘密。她原是物理老师，但在学校师资紧缺时，她勇敢承担起了生物课教学。那些年，作为一门副课中的副课，生物课在很多学校只出现在教学大纲中。那是很多人羞于说出交配和性交之类词语的年代。蛙老师挑着水桶摇摇摆摆从远处的河滩担来河水，把河水倒进走道里一字儿排开的花花绿绿的塑料盆，盆里漂浮着藻类一样暗色的带状物体。蛙老师的课堂就在走道里，她对兴致勃勃的学生们说，看，这就是青蛙的受精卵，这些看起来粘连在一起的小泡泡，过些时候就会变成一个个活泼的小生命。学生们叫道：蝌蚪，蝌蚪。那么这些青蛙的卵又是怎么来的呢？蛙老师神奇地展开几张不知从哪里搞到的大幅挂图——一只蛙紧紧趴在另一只蛙的背上。一只母蛙，一只公蛙，你们知道它们在做什么吗？蛙老师用指头一一指过这两只蛙。学生们害羞了。它们是在抱对，抱对是蛙类特有的产卵方式，类似于交配和性交，当然也有区别。学生们更害羞了。大家不必难为情，生命的传递方式其实很相似，蛙老师神情庄严地说。这是我第一次在看似非正常的教学秩序中感受到的教学的庄严。在我们那个默默无闻的偏僻的学校里，我以为学校应该为有蛙老师这样的老师而骄傲。

但蛙老师学生的课业成绩一直差强人意，她对此并不在意，因为需要种种教学实物，课内课外，蛙老师都很忙碌。她的办公室摆满各种瓶瓶罐罐，虫虫草草。为简化生活，她甚至剃光眉毛。有时，她会忘戴胸罩，夏天，冷风一过，衬衣下会激灵出两粒乳头。她全然不理会这些生活琐事，穿着不分季节的老式皮鞋，她风一样大步流星。她是学校第一位采用田野方式进行教学的老师，我也被她的授课吸引，混迹于学生中间，看蛙卵，看青蛙如何抱对，一直看到那些轻盈的小气泡变成一盆盆黑油油的欢乐的小逗号。有一天，临睡时，有人发现蛙老师的被子里竟有一窝小老鼠，女老师在宿舍里大声尖叫，蛙老师没事似的将小老鼠一个个捧出来，放进纸盒，这是她的教学用具，她对它们关护备至。

小六儿辍学后，唯有她，这个看上去性格粗粝的蛙老师，在办公室黯然落泪。

离开学校后，我时常会想起蛙老师，有一年，听说在一个天色未明的冬日清晨，在回校的山路上，蛙老师遭遇劫匪，她的头被打破了，满脸是血，但她硬是护住了没装几个钱的钱包。我听说后，竟然笑出了眼泪，能做这样勇毅事情的人，非我们的蛙老师莫属。

蛙老师终日忙碌不迭的时候，另一个老师也在不停做事。我后来回忆起他们，心里总是充满忆念，他们的所为，弥补了我内心深处对自己的期望，也因为他们，我想到，任何时候、任何地方，都有温厚慈祥心怀大爱的老师。

与大张旗鼓的蛙老师相比，教美术的山老师是静的，他静静地做这做那，不停地叫人吃惊。

首先，山老师让学校长高了，这完全是他的创意。有一天，老师们惊呼着从办公室跑出来，一起眺望三楼楼顶。山老师正在给学生们上写生课，学生们相向坐成两排，山老师在学生之间来回走动。山老师个子奇高，小山一样，我因而叫他山老师。兀立于楼顶的山老师，在那一刻显得更为高大，几片云落在他的肩上。山老师似乎在楼顶让学生们摆一个神秘的阵局，一会儿，两排学生又背向而坐。我明白了，这时候，一排学生的面前是楼下的果园，另一排学生的面前是长长的梨花沟。果园绿树掩映，矮壮的褐色树干撑着形状各异缀满果实的树冠；这一面，逶迤的小山侧立于梨花沟两边，远处的戴帽山云起云落。山老师让学校长高了，学生们高瞻远瞩，目光越过围墙到达远处，在寸土必争无法给树木花草留一点儿位置的校园，山老师把山野和果园拉进学校，他让学生们在轻风和阳光中学习。

山老师沉静细腻，他话少，但很幽默。一天下午，学校食堂的厨师望着楼顶急得团团转，饭菜都凉了，山老师的美术课迟迟不下。厨师到楼顶找他，山老师捋起袖子，说，我以为还早，原来我的表停了。学生们大笑，厨师则哭笑不得。原来，上课前，山老师在手腕上画了一个表，告诉同学们，现在，时间就停在他的手上，谁都不能急，要安安静静画一张好画。

学校三楼，有一间安放闲置桌椅、板凳、高低床的教室。一天，学生们请老师去看一个展览，大家狐疑地被带到三楼，进到这间教室，所有人发出了惊呼。这里变成了一个奇异的世界，墙上挂满学生们装裱的自己的画作，教室中间，桌椅板凳搭成的一个错落有致的高台上，摆满学生们的手工制作：有风铃、千纸鹤、城堡、公园，甚至还有我们的微型校园。老师们不敢相信，这些精致的作品，全部出自我们山里的孩子，山老师笑盈盈地环顾他的学生，不断解释，是他们的，他们的。就在那一天，我第一次听到小六儿咯咯咯的笑声，不知道山老师对着他的耳朵说了一句什么话，他笑得止不住了，他手上拿着一串天蓝色的泡沫纸风铃，说回家时带上，要给他家刚出生的小猪娃儿看看。

我十几年的教学时光，我曾经当老师的学校，每每回想起它的模样，眼前总有一处在晶莹闪亮，它和山老师有关，仿佛一顶明丽的头冠，它静静地镶嵌在我们简陋素旧的教学楼上。若干年后的一天，我乘坐公交车路过梨花沟沟口，一眼瞥见了高高的山老师，时光恍若从前，他的腿还是太长了，走路时，他要前倾着身子，拖拉起他的长腿。若在那时候，看见他这样子，我会叫他长腿蜘蛛，他会腼腆地低声回我：瘦猴儿。

五

一个人，一生中遇到好的老师，被光辉沐浴，是一件多么幸福的事情。

我和小六儿一般大时，遇到过怎样的老师呢？

每个学校都有自己的氛围，上中学时，我所在的学校，大部分学生和我一样，野草般疯生疯长。我们的父母多是学校周围几家工厂的大老粗，我们的家里鲜有书籍，和父母一样，我们满嘴脏话。那年，我们班来了一位新班主任，姓丛，不知为何，我一直觉得她的姓氏有着植物的美丽。一天，在学校的大操场上，我上气不接下气地一边疯追一个女生，一边在她身后大喊了一句下流话。丛老师喊住了我，低声问，你知道这句话的意思吗？我仿佛知道一些，但又从未深想过。丛老师说，这话很不好。我非常羞愧。那天，丛老师给我一小袋零食，告诉我，里面是鱼皮花生。那是我第一次吃鱼皮花生，因为要改过自新，丛老师用它激励我。花生裹上鱼皮，花生想做鱼还是鱼想做花生？花生和鱼纠缠，它俩结交成了鱼皮花生。我后来总喜欢吃鱼皮花生，边吃边这样咬文嚼字。丛老师带了我们两年，我上高中时，变得文雅了些，家里有了我自己的小书橱。那时，我遇到一位很特别的语文老师，他姓瞿，常常身着暗色的长袍，满嘴文言，风度儒雅。他是一位老派的老师，但他却给予我最新颖的引导。有一次，在课堂上，他讲到课文中的一个词："嫩绿"，他突然叫起我，问，你知道嫩绿是怎样的吗？我说，那种带点儿鹅黄的绿。那鹅黄的绿为什么就是嫩绿呢？我说，因为鹅黄是一种嫩黄。老老的瞿老师忽然十分开心，荡漾开满脸笑意，当着全班同学，他送我一个厚厚的日记本，他说，喜欢写作吧？每天往上面写点儿吧，想写几句就几句。瞿老师怎么知道我爱写作呢，在我更小的时候，在小学的油印小报上，我发表过一首四行小诗，我把报纸压在毛毡下，每天临睡前拿出来看看，母亲把这张小报打进了袼褙，我知道后大哭，母亲说，想想看，袼褙做成了鞋子，你每天不就可以穿着你的诗歌走路了吗？我没文化的母亲，也是个可爱的老师啊。我热爱着写作，我的老师们让我茁壮生长。

对老师的依恋，很类似对母亲或者父亲的依恋。记得我有了弟弟后，每天都不想上学，就想围着弟弟转，我的班主任到家来接我，我俩一起笑笑地看着襁褓中熟睡的弟弟，然后，他用自行车载我去学校，像父亲一样。后来我成为老师，我的身上已经有了他们的影子。

所以，我一直在想，能与蛙老师和山老师相遇，梨花沟里的孩子们多么幸运啊。

“我的学校，坐落于梨花沟的肛门上。”在我终于决意离开这个我待了十几年的学校时，几乎带着满心的落寞和悲凉。升学考试的压力越来越大，管理制度流于形式，而且越来越严苛。那时候，我备课时戴着耳机，耳机里唱着声嘶力竭的摇滚歌曲。对抗已经在内心白热化，但备课本上的字儿依然要安静茂密。备课与上课完全脱离，备课字数必须达到严格的要求。时间在白花花流淌，震耳欲聋的摇滚帮我呐喊，我要呐喊什么？

那一年，有两件事决定了我的去意，一是蛙老师的教学成绩因为始终落在全区各学校最后，她被调派到了梨花沟深处的一所学校。另有一件事，一位安静少语的女老师突然间发病，住进了医院。原因是参加了连续几周的教学竞赛，她日日不能入睡，有一天，一进办公室，她就姿态端庄地喊：上课！再喊：同学们好！这是老师讲课前必需的程序。后来，她每到一处，总要先严肃地喊出这两句：上课！同学们好！

果园的梨树打满了芽苞，雪白正从花苞中星星点点渗出，春天总是来得如此纯真。蛙老师背着她的行李大步流星头也不回地走出了我们的学校，正是小蝌蚪就要游满梨花河的季节，山野草长树幽，蛙鸣鸟叫，我忽而有些为她高兴。再过几天，雪白的梨花也将铺天盖地地盛开，但我要告别那里的春天了。

老地方

老坟茔

说是天下李氏出陇西，这个墓，就是陇西李氏家族的祖墓之一。陇西指的是战国、秦汉时期以狄道为郡治的陇西郡辖地。狄道就是这个老墓所在的今天的临洮县城。

其实是个有布局的墓群，墓相隔得远，才觉得是散落的。北边，连绵的山峦像盘裹着墓群的一条大龙，这个老墓呢，就在龙头之下，想来地位大约是显赫的。秦汉的天空似乎格外空阔，这个墓群的后人应该有的是地方为先人们扩充疆土，但大约又不能相距太远，以致散失，毕竟先人们是在地下。天下李氏到了唐朝更是了得，边地很多少数民族也被赐了这个国姓。但这里是地道的陇西李氏的祖坟。陇西李氏绵延数千年，文臣武将，人才辈出。而今，在临洮，就李姓命名的村庄便有七十余个。

只是，墓全然不像墓了，很像一个夯土的烽燧。墓很孤立，农人们没有让墓群间的地闲着，大片农田，禾苗葱绿，独独衬着这一块寸草不生的赭黄的土堆。原先穹庐一样的坟，被农人和风雨不断地削割着，成了方形，高高的立方体，依然能推想到墓先前的宏大。路边，一棵大梨树正落花，风一吹，花瓣散散地飞到墓上。

汉朝还很肃穆，这里出土的汉砖、汉瓦、汉罐都是素朴的青灰，修饰其上的是质朴简单的绳纹。农人拿出自己收藏的一个素灰的汉罐来，粗粝，似是随手拿捏后，就那样随便烧制而成了，成了，又发现裂了个口，再额外加补了一块陶土补丁。罐里也不平滑，一只花蜘蛛在罐里结了细密的网，像沉睡汉罐的一个绣娘似的。

再说那个墓。那样显眼地矗立在地上，盗墓贼势必不会让它安宁。农人说得形象，贼们先掘开一个水桶口大小的深洞，那么大的人，会忽然软软地缩成瘦瘦的一条，绳子一样被绳子吊着，就进了墓。进去盗了些什么，说不上了，时间过得太久了，大约是口口相传的缘故。但有一件事情是真的，农人说，三十多年前的一天，田里开渠放水，水把这老墓冲出一个洞，水轰隆隆地流到洞里去了，人们好奇，等着看它再从哪里流出来，结果呢，水那样轰隆隆地流了整整一天一夜，没有任何信迹。

我很喜欢农人说的“信迹”这个词。我觉得是墓不愿给人们信迹。

于是，人们猜度，这墓里是建有宫殿的。

田边就是农人简朴的院落，对开的木门上，镶着盘花铁扣。院里一棵大梨树，把几枝伸到院外，簌簌落着白花。那个有宫殿的墓，就像这个院落的富家邻舍，只是藏在地下。

马家窑遗址

遗址就在路边，很突兀地呈现在了眼前。

西北的古遗址大凡这样：枯黄、朽残、远离尘世、空阔、风直来直去。这一处遗址不同：起伏的小山包之间，躺着不规则的田。地里，青嫩的玉米秧子刚刚破土。

连绵的山包是赭红的，少有青草，偶尔能看到几束零星的灯盏花。一个农人蹲坐在山头，看着他的羊，说是怕那些只顾低头吃草的畜生们闯进人家的田里去。

一眼看去，这个遗址就这样浅浅地显现在地表。

当地朋友说，正好，昨儿才下过大雨的。在紧靠着山脚的窄窄的田埂上边走边搜寻。这时候，就发现了这块地方的奇异之处，星星点点的碎陶闪现在遍处。雨水均匀地把地刷洗了一遍，有的碎陶显露出来了，有的顺着坡和水一起流下来了。陶取自这里的泥土，躺在地里，自然不张扬，定睛了，才能发现。放到掌心，只一眼，就能看见华美。

先前，在博物馆，看到那些精美的马家窑彩陶，就有遐想的。马家窑的彩陶有点像古中国陶器史上的唐朝。神奇的纹饰，艳丽的色彩，还有雍容的器形、细腻的外表、宏大的数量，都到了彩陶史的顶峰。之前的陶，素了、粗糙了、瘦瘠了。之后的呢？又颓唐（这“唐”字真确切）了、衰败了。

赭红的黏土是适合做陶的土，近处的洮河呢，正便于汲水。先民们从来依河而居，建村落于河畔向阳的台地上，今天还是如此。黄河上游最大支流之一的洮河，日夜不息浩浩荡荡汇入黄河，把马家窑文化流到了北中国很远的地方。马家窑太古老了，四五千年前的彩陶，今天留世的，特别是那些保存完好的，也大都是先民的陪葬。人朽了，灵魂散了，而陪葬人的东西留存下来了，这大约是逝去的人活着时很少想的事情。

那天，看到当地人收藏的一个彩陶蛙纹瓮。收藏人讲得开心。瓮的肚子那样饱满，顶上却开这样小的口，贪嘴的老鼠，奋命要往那瓮嘴上爬，到了巨大的肚腹这里，就无奈地滑下去了，几次三番地滑下来，真是绝望得要死。还有蛙纹，样式真多，说道真多。繁复纤细的蛙纹，长了人脸的蛙纹，垂了巨大阳具的蛙纹，用四个大爪子拥裹着农田的蛙纹……全是人们美好的愿望。祈祝蛙神祛除水患，期望人类也能有小蝌蚪那样多那样活泼的子嗣；如果像蛙一样既能在水中畅游，又能在陆上行走，该多好啊；而站在岸边的神奇的蛙们，高高鼓起的肚腹，多像那些富足的瓮。先民们期盼丰收，彩陶上的动物们，多子多孙，且大都像蛙类一般温和而良善。

说前几年，在遗址还能看到窑灰、磨颜料的石板、艳丽的矿石粉末。彩陶时代的马家窑，该是如何窑窑相望，烟尘袅袅呢？

捡拾到一块碎陶，遍身朱红精致的网纹，笔画纤毫毕现。记起一位当地朋友的话，说，马家窑陶纹颇神秘，很难搞清先民是如何掌握了在圆形陶器上以陶口为中心着图的几何原理的，有个画家，细细地、一笔一画地临摹陶器上的纹饰，一遍又一遍，到最后，总不能圆满收笔。

这样想来，这每一块碎陶上的纹饰，都仿佛神迹。

哥舒翰纪功碑

这真是个富足的地方，那些老事物和人们朝夕相处。

就在县城，紧邻马路边立着一块大碑，需竭力仰视的碑。距今一千两百多年的古物了，被风雨剥蚀后，碑上依稀可辨的仅 67 个字，是唐朝明皇的御笔。的确是唐的气度，碑身为巨石所制,从存留的碑文来看,题字布局疏朗,周边有富裕的留白。疏朗的刻字不怕浪费了碑身，空着也是气势。北地强劲的风霜雨雪，打磨了它几千年，碑更像一个沧桑的脸，沧桑至无语。

在浩大的时空里，人可以消亡得不留一丝痕迹。但碑是给世间的一个留存，这大约是永垂不朽的含义吧？但世间怎能有永垂不朽之碑呢？就算这碑如此坚固、宏大。字依旧被风吹散了。时间还一点一点地刻画出了碑现在的样子：坚硬的碑身呈现出大浪鼓涌的跌宕，雄踞碑额的猛兽，身形模糊，眼眸深窅。

在开阔的北地，这个高大的与青天接触的碑是极配所纪念的人的。哥舒翰，唐代猛将，突厥族哥舒部人。唐玄宗天宝十二年（公元 753 年），身为陇右节度使的哥舒翰攻取吐蕃洪济城，大败吐蕃军于洮河流域，收复黄河九曲，立下赫赫战功，受到朝廷称赞。公元 754 年，唐玄宗为哥舒翰立碑。

碑欲永垂，而人世无常。

安史之乱时，哥舒翰统兵二十万坚守潼关，但受杨国忠猜忌，被迫出战，兵败，哥舒翰遭贼人杀害。

碑先前并未这样突兀地矗立在路边，原先是有个寺观围裹着它的，当地人叫那观“石碑观”。观后来陪不住碑，彻底废圮了，碑就这样孤独地立在了路边。因为那样惯常地立在路边，人们从它身边来来往往，很多路人竟至不知道这碑为着何人而立了。

于是，碑的孤立更叫人觉得有点悲壮了，再看那苍凉的碑身，叫人心底鼓荡得厉害。

在北地西陲，曾流行这样一首民歌：

“北斗七星高，哥舒夜带刀。至今窥牧马，不敢过临洮。”西陲人声情慷慨，这歌儿的韵调定然也是鼓荡人心的。歌儿里的哥舒翰在浩瀚星空下，横刀立马，便已经是神了。

我想，神的碑，即便是在人世间模糊了脸庞也罢。

姜维墩

说先前是一个名副其实的土墩，很老的土墩，日复一日地，人们上上下下，土簌簌落着，能看得清土墩是渐渐萎缩着、破败着的。好友说，小时候约好一伙人上山来，是为采山上毛刺树上的野豆，大家一边玩着，采上山来，在这土墩旁聚集、歇息，清点收成的多寡，之后，再玩着下山，回家煮豆。

这个土墩是这边山头的至高处，山叫岳麓山，天下不止一个岳麓山，这个岳麓山呢，雄峙古狄道城的东部，占尽了好风水。传说，老子就在这山的山巅飞升，飞升之时，升天台脚下的一棵梧桐树上，忽然间出现了一只凤凰，凤凰振翅高飞，压弯了树尖的梧桐枝，而今，在那里还能看到一棵弯下枝梢的梧桐树。

土墩就立在这个好风水的山上，上了土墩，可以把整个狄道城，包括周边方圆5公里的地方，一览无遗。

原先，人们还能在土墩附近捡到锈蚀的箭镞、刀戟，还有粗绳纹的瓦片、陶罐……

其实这土墩是秦汉时期的烽燧。古代的狄道，一直是控扼陇蜀的战略要地。三国时，大将军姜维九战中原，数次与魏兵激战在洮河之滨。每过狄道，姜维都选中这个烽燧。烽燧前是一片开阔地，正好屯兵、练兵。烽燧那边呢？万丈悬崖，鸟瞰下去，是古狄道的大城池。洮河蜿蜒穿城而过，敌人稍有动作，在此一目了然。

好友说得好，那时，姜维就在墩上，一边喝着茶眺望着远方，一边看着墩下练兵的士兵，满心的运筹帷幄啊。

姜维出生北地，传说容貌俊朗，身材魁伟。他一辈子出生入死，能在这墩上，如诸葛武侯那般，虽不能羽扇纶巾，能求得片刻的气定神闲也是令人怀想的。只是人世纷扰，勇武好战的大将军一辈子怕没有过过宁静的几日。

可惜了这个土墩，人们怕它再日复一日地萎缩下去。用水泥覆盖了它，上面还矗立起了一座坚硬辉煌的水泥高台，新时间彻底覆盖了旧时间。台上安置了水泥桌椅，游人可以学姜维，呷着茶，运筹帷幄似的望一望脚下的临洮。

只是这里还是有浓郁的杀伐之气，好友说，天阴时，偶尔会传出兵士的厮杀声。那些掩藏在土里的刀戈剑戟是不会安静的。还有，小时候，他们在这山上采集的那种野豆，名叫大钢针，在那个饥饿的年代，把大钢针煮了，壳子里的果实，绵软而鲜美。但刚从毛刺树上摘下的大钢针，硬而尖锐，酷似伤人的利器。

五个泉

五个泉，自西向东，分别是惠泉、甘露泉、掬月泉、摸子泉、蒙泉。在山腰，五个泉排列成一条弯弯的大弧。

在少水的西北，每个泉都是神话。兰州城被南北两山夹裹，南山离河太远，上天就叫南山上涌出五眼泉，去湿润这个老城郭的南部。传说，汉朝大将军霍去病征西，曾驻兵此山，士卒疲渴，霍去病手著马鞭，连击五下，鞭响泉涌，出现了五个泉。上天太远，老百姓把这五个神泉的诞生安排给了历史上确有其人的霍去病，其实，霍大将军并未征战到兰州。

与此相似的是河西走廊那头的一个传说：霍去病打了胜仗，倒一坛御酒于一泉中，与将士共饮，酒泉因此而得名。我喜欢这些传说里骠骑将军的威武气，很吻合北方的气度；还喜欢他心胸里的开阔和仁爱，像泉水。

惠泉，四围绿树掩映，芳草环绕，泉水清澈甘甜，宜烹茶，且有灌溉之利，惠及周遭百姓，人们便叫它“惠泉”。 人们深爱惠泉，在泉边建一个半月小亭，并连一个小桥，深情地命名它为企桥。桥头有对联一副：想过去么，过去就可通碧落；休下来了，下来难免入红尘。

甘露泉呢，久雨不淫、大旱不干、气味芳泽，饮之犹如甘露，人们就叫它“甘露泉”。

掬月泉藏在一个深井里，每逢月夜，月影泉心，如掬月盘中，“掬月”二字颇有些文人的雅气。

摸子泉最有市井味，怀孕的妇人钻进洞中，伸手在泉水中摩挲，摸着石头则得男，摸着瓦片则生女。洞门口也有一副对联：糊糊涂涂将佛脚抱来，求为父母；明明白白把石头拿去，说是儿孙。

蒙泉，字义深奥，说是源自《周易》：山下出泉，蒙。

这山因这五个泉叫五泉山，与干涸的兰州城迥异的是，五泉山清泉淙淙，古木参天，绿荫蔽日。

想起与五泉山相关的一件事一个人。

1935 年秋末的一天下午，一声惊天动地的轰响，兰州城东关火药库爆炸，距离火药库二三华里的房屋均被震毁，大火烧至次日凌晨 4 点，死伤六百余人。

在那场大爆炸中，一位出生于兰州的大儒挽救了众多人性命。这位大儒好学不倦，一生大力造福乡梓，深受百姓称颂。他去世后，人们为他铸造了一尊四尺铜像。庄严的铜像落成典礼正是火药库爆炸的那天下午，刚好是个星期天，好多人前往五泉山参加仪式。3 点 45 分，一声巨响，参加典礼的人们奔向山崖，惊惧地鸟瞰被大火染红了的半个兰州城。因为在山上，这些人躲过了这场大劫。兰州城接着传开这样一句话：一个刘翰林，救了半个兰州城。

这位大儒叫刘尔炘，清末进士、翰林，号五泉山人。他深爱五泉山，家居五泉山山脚，半生致力于修葺这座灵秀之山，并在这山上的亭台楼阁、庙宇长廊，留下了一百三十多副叫人回味不绝的对联。

我尤喜欢企桥上的对联：想过去么，过去就可通碧落；休下来了，下来难免入红尘。

然后呢？每次从山上下来，再看山门上的这副对联，不禁笑：

高处何如低处好，下来还比上来难。

因为在山门那边，进得山门时是未曾看见的。大儒是知道遍观了山上风景，喝足了山上清泉后，人们才会瞧见这些字的，就叫人们笑着走出这山门去。

莫高窟

第一次去莫高窟，是几年前的一个夏日，洞窟里，人头攒动，虽是一再为壁画、雕塑震撼，但跟着摩肩接踵的人，每出一窟，总是失落。

这次去是冬天，季节大好，游人稀少，空气清冽，视野空旷。想那些壁画里形形色色的人，也可以按着画里的方式，清清净净过上一个冬天了。

河西风大，随处的树木，叶子落得精光。真是一场透彻的酣眠。莫高窟九层楼前的杨树，树干像刷了层白漆，阳光下，白得刺眼。那杨树，冷冷静静棵棵直立，只是满树干大睁的眼睛，泄露着万般心事。这种树，大约很适合在干涸处生长，那一年，在酒泉夹边沟，也见过大片这样的林子，是夏天，树叶兀自浓绿成一片，但树干又白又硬骨殖一般，合了那地名，热辣辣的阳光总也晒不烫它们似的。

这清廓肃静的季节，最适合感受一窟一窟的华丽和热闹。

那日，出了一个洞窟，总想着那幅壁画。讲的是一个佛经故事，几个高僧在林中喝酒，忽闻消息，远处一个村庄起了大火，谈笑间，一位高僧朝那方向泼过一盅酒去。焦急万分的人们看着火突然间就渐渐熄了，空中还漾着淡淡的酒香。这边厢，几个人依旧把酒叙谈，风轻轻吹着，一树菩提叶子小扇子一样沙沙沙地给他们摇着。一想起这个壁画，总觉得佛家也有世俗的可爱，并不永远是正襟危坐的样子。古人们的想象，虽不似西方人那样总是一个又一个庄严的大剧，但这想象自有它的妙处，不经意时，悠闲自在地到处点染，像宣纸上泼洒的墨迹，一派随性和惬意。想想看，那灭火的又端端是酒，真是洒脱。

都是让人极尽仰视的大佛塑像，隋朝的大佛，胖、僵硬。唐朝的大佛呢，是丰腴，露出的是骨子里的灵动和富足。九层楼里高达 35.5 米的大佛，是莫高窟的第一大佛，后来被历次修缮，宋朝时，新塑了一只被损毁的佛手，于是，佛的两只手，就像是两个朝代：唐的佛手优美生动，软至可以拈花；宋的佛手呆板僵硬，像是一动都不敢动，这让人想到了两个朝代的气氛。其实，唐至北宋，在《清明上河图》里还是一派繁华自得和悠然，到南宋，氛围就陡变了。

一年冬天，在甘谷县大像山去瞻仰二十几米高的大佛，佛窟是北魏时凿在峭壁之上的，大佛塑像成于盛唐，佛安详坐卧，山下是芸芸众生。远远的，渭河如带，山脚大片农田。一队人吹打着乐器走进田里，鞭炮噼里啪啦，是亲人们在为逝者举行一场红红火火的丧葬。大佛就那样安静地俯瞰着世间的生死，那形容和气度，依旧是盛唐气象。

到了清朝，佛的塑像越来越小。在丝绸之路一线看到的清的塑像，华美的赭红成了清冷的蓝紫，塑像面色煞白，也胖，但像浮肿，神情也是凉的。在陇东覆钟山下的北石窟寺，亦有一座雍容的唐朝大佛，山崖上凿有很多石窟，崖角一小窟内，有送子娘娘的塑像，清朝的塑像，姿势拘谨，着蓝紫的旗服，露出的却是金莲小脚。

莫高窟第 148 窟，主室佛坛上，是长 15 米的释迦牟尼 80 岁的涅槃塑像，佛右卧，面型丰满、双眼微闭，安然入睡，柔软的衣纹随身形起伏。最可琢磨的还有涅槃像后站立的佛弟子、天人、各国王子、佛姨母、菩萨等举哀像七十二身。七十二人，道行深浅不已，各自神情不同。击掌大笑、会心微笑、沉思冥想、忧伤、哀泣、号啕大哭……世间百种心情，皆能从这些脸上找到映照。而长眠的佛一派宁静超然。

出了牌坊，走了很远，就要离开莫高窟时，忽地看到了孤立在路边的王道士塔。许多游人只记得进了园，看窟、看壁画、看佛，都忽视了这个远离莫高窟的土塔。人们去看藏经洞，去想象堆叠成小山的浩繁的经卷，想象导游枯燥的解说词里那个矮小干瘦的王道士，他如何发现了这个洞，洞子开了，外国人来了，卷子如何纷纷流散……

只是，出出进进，游人们与这道士塔擦肩而过，更少有人悉心读完那碑文里王道士的前身后世。

丝绸之路被人们遗忘后，莫高窟的绚烂也渐渐褪去。敦煌风大啊，沙石弥漫，流沙一寸寸堆积，就要盖住那底层的洞窟了，那个清苦的道士每日里去清除沙子，让洞窟一点点再敞亮起来。沙子最像时间，慢慢堆积，慢慢泄漏。王道士没想到，他自己也成了一粒牢牢嵌在这个盛大的洞窟上的细沙，卑微，色泽昏昧，日日被人反复述说。

莫高窟而今远离人声，寂悄地立于山崖，从远处望去，衰旧成寸草不生的山的颜色。宕泉河畔，摇曳着土黄的苇子。想在一千多年前，远在天边的黄沙戈壁之上，云蒸霞蔚、金碧辉煌的莫高窟，是如何夺人眼目啊。

莫高窟向西，过了鸣沙山，有个与莫高窟呼应的洞窟，叫西千佛洞。据说其开凿年代甚至早于或者最晚与莫高窟同期。

真是奇异，远处看，西千佛洞完全藏在大漠底下。只在地面冒出一些树梢。走近那里，目光落下去，是一片草木丰美温润安静的风水宝地。听见汤汤的水声，去看，是党河。这河在荒漠之中，也流得神奇。石窟就凿在河岸边一堵峭立的悬崖上。杨树高大，依然是雪白的枝干，叶子落得精光，阳光里，密密的影子落在崖上，帘子一样轻轻遮着一个个洞窟。崖上共16个窟，可惜窟门都锁着。日光尚未偏西，偌大的院子，阒无一人。抬头看，天蓝得像玻璃。据说，西千佛洞壁画中有大量生动的田间劳动场景，与莫高窟壁画不同，大约有着浓郁的尘世景象，可惜不能亲见。

前几日读南宋李密的《武林旧事》，书中有一幅插图，是宋代的敦煌壁画——相扑图。十几个男人赤身角逐，两个落败者寂然在一边躺着。配文是《御教》，写南宋孝宗皇帝阅兵时的盛大场面，“戈甲耀日，旌旗蔽天，连亘二十余里，粲如锦绣。”又想南宋真是奇怪，国祚绵长、文采斐然，但武力衰萎，少有阳刚气。想那阅兵的阵势，未免太虚张了些，再看这壁画里的相扑，又未免太娱乐了。

一百多年前，法国人感慨敦煌壁画简直是一座世上少有的“墙上的图书馆”。真想沉溺在每一个窟里，一寸一寸，把墙上的画琢磨过去。

戈壁

那日，天黑着就出了城。行至黑戈壁时，身后映出巨大的红光来，一回头，太阳即要升出戈壁，欣喜，不敢动，静静地看。风也寂悄潜行，贴着地面，滚着一疙瘩一疙瘩干枯的骆驼刺。太阳殷红，升得持久、庄严，当它完全升离地面，一时间，红光遍洒，黑戈壁也忽然间醒了，绵延得低沉而壮阔。

在这样的地方，心胸的阔达是由不得自己的。路上，脑海里涌出许多古诗句来。韩愈的“雪拥蓝关马不前”，诗里的大雪堆得壮烈，知道蓝关并不在河西，但总愿意把这句子安置到这里；岑参笔下，边塞的雪雄奇又烂漫——“忽如一夜春风来，千树万树梨花开”；“纷纷暮雪下辕门，风掣红旗冻不翻”，风雪苍茫里又静静地加上遒劲的一点红。喜好禅境的王摩诘两度北上河西，他的“大漠孤烟直，长河落日圆”，用十个字画出了边塞的辽远和空阔，世人都喜欢得紧。不过，在我看来，画面还是太写意太留白了。河西的壮阔质量密集，该是用滞重的铁笔一扫而过。

心里激荡着这样的诗意，一边眺望着车窗外莽莽的黑戈壁。当地人说，先前沿途有很多动物，野羊、野骆驼、野鹤。而且这里是有水的，曾经湖泊密布，是先前疏勒河和党河两条河的交汇地。可惜流到这里的河，几十年前就干涸了。

水，很久远的时候，在这里浩渺过，有雅丹魔鬼城为证。干坼的城池，鳞次栉比的街市楼宇—— 一个空茫的巨城。但怎么看，都觉得有人，人流熙攘，市井繁华，那么热闹，却又静寂无声。说是春天一到，长风呼啸而至，沙石吹打，满城阴冷的风声，俨然一鬼宇。好在，那一天，阳光明亮，微风习习。

敦煌的大气和厚重，除了黄土、除了戈壁，还有久远的时间。

大漠上，汉长城黄龙一样蜿蜒，虽被时间切割得笔断意连，但也匍匐着恢宏的气势。据考证，玉门关西面党谷隧一带，是目前汉长城保留最完整的一段。近前看，墙基宽 3 米余，残高 3 米余，顶宽 1 米左右。没想过的是，两千多年前，挡住了匈奴人金戈铁马的汉长城，竟全是泥土夯筑，没一块砖石。墙里露出一层层苇子，书页一样。放眼望，城墙周遭，荒漠上，还长着一坨坨干枯的苇子，原来，不远处有湖，也叫西湖，当然不是三潭印月的西湖，这湖，多半时候只是片沼泽，除了苇子，周遭还生耐旱的胡杨、红柳、罗布麻。城墙呢，先用胡杨枝叶做基础，再夯沙土，沙土中，间以细硬的红柳、坚韧的罗布麻、密密的苇子。于是，这墙又被称为“苇墙”。充满植物的土墙被戈壁滩上的盐碱侵蚀，风吹日晒，日积月累，变得坚不可摧。于是乎，“却匈奴七百里，胡人不敢南下而牧马”。

传说，汉时，戍边的将士还在长城内的低洼地上均匀地铺上一层细沙，纵使胡人潜入关内，那沙地上的足印，也会暴露了他们的行踪。这沙地，被呼为“天田”，细腻平滑的沙地，天一样大，飞鸿印雪，那可真叫胡人苦恼呢。

城墙间的烽燧，“十里一大墩，五里一小墩”，遇有敌情，把守的戍卒白天煨烟，夜晚举火，所燃烟火三十里外都能看到。这烟火就是王维“大漠孤烟直”中的“孤烟”，那烟，在长风浩荡的茫茫大漠之上，何以是“直”的呢？有人说那是狼烟，将狼粪焚燃，狼烟扶摇直上，遇风而不歪斜。烟里似乎也深藏力道，不大确信，后来，看到唐朝段成式的《酉阳杂俎》里果有这样的记载：“狼粪烟直上，烽火用之”，真若是？还是不确信，但就是喜欢这说法儿。

第一眼看到玉门关时，不相信是王之涣诗句里“春风不度玉门关”里的玉门关，之前没想到它这么小、这么孤单。方方正正的一个黄土关隘，长宽走不过二十来步，在这荒寒的边地，很是单薄寂寥。玉门关又叫小方盘城，所以叫玉门关，是因为从西域输出的和田美玉主要取道于此。中原和煦的春风吹不到

荒漠上，还长着一坨坨干枯的苇子，原来，不远处有湖，也叫西湖。

这里，而温润的美玉由此源源不断运入繁盛的都市，想着也苍凉。玉门关之南，另有一关，叫阳关，此两关是中原通向西域的重要关隘。王之涣说玉门关“羌笛何须怨杨柳，春风不度玉门关”，王维说阳关“劝君更尽一杯酒，西出阳关无故人”，声声羌笛幽怨，茫茫边地四顾无亲，都愁煞人啊。

去了河仓城，才知玉门关其实并不孤单。很多人不知河仓城，这不奇怪，那正是古代将士的意思，虽然河仓城离玉门关只二十余里，且又比玉门关有规模有形制得多。

河仓城依旧是夯土修筑，长方形，东西长约 132 米，南北宽约 17 米，残垣最高处 6.7 米，有 2 万多平方米的占地面积。和玉门关相对，河仓城又叫大方盘城。这城，坐落于戈壁上的一块低凹地里，城南城北都是高高鼓起的戈壁滩，远远望过来，视野千里，河仓城俨然深藏地下。两千多年前，自东向西的疏勒河在城北浩荡流过，可以源源不断运来戍边的物资。城西，临一大湖。城东，又是一片茫廓的沼泽。这阒无人烟的险要之地，给边关将士做军需储备之用，再好不过。

考古学家们先后在这里挖掘了不少汉简及西晋碣石，从记载的文字考证，河仓城自汉代到魏晋一直是长城边防储备粮秣的重要军需仓库。把守玉门关、阳关、长城、烽燧以及西进东归的官兵将士全部从此库中领取粮食、衣物、草料供给。因之，河仓城是汉代至魏晋时期，古代中国西北长城边防至今留下的一个古老的、规模较大的、罕见的军需仓库。

城在隐蔽的低处，高处的山包上有一个烽燧，很像城的眼睛。烽燧前立着一棵枯树，很老的枯树。千里戈壁，只生一坨一坨干枯地贴着地皮的骆驼刺，这棵树，独独站在烽燧前，很有些悲壮。

登上一块高地，俯瞰下去，蓝天之下是早已被历史侵蚀得千疮百孔的破城。远处是一片湿地，衰草枯黄，几匹马低头觅食。公鸡在叫，远远近近的，就一只，没有此起彼伏的呼应，但一样雄赳赳气昂昂的，高亢的呼叫，传到很远。

回到城里，已天黑。席间，听到又有人唱那首古老的凉州民歌：我送我的哥哥红柳坡，红柳坡上红柳多，红柳的叶儿往下落，红绸的裤裤往下脱……音调凄婉苍凉，想着那一刻远处大漠上的长城关隘，冷月如钩，大漠如雪，这歌儿的调子，很合这边关的氛围。

一个村子

土地庙

村子后面，是土地庙。土地庙后面，是农人的田和林子。

土地庙极简陋，三堵土墙搭一个屋檐，屋脊上立着几个水泥小兽。庙里只砌了一个土案几，摆几样最简单的贡品：酒、水、面食。庙里庙外都是土的颜色，和周遭那么谐和，就和人也亲近。来了风雨，可以在里面避一避，拉拉家常。鸽子们在屋顶咕咕咕地玩耍，麻雀渴了也可飞到案几上，喝一口小盅子里的清水。至于里面的神，是天界掌管地界一方平安的最基层的神，基层到可以叫他土地爷，那就绝不会有那种高高在上的威严。老爷子该是这样子：白须、大肚、慈祥的面容。而且，一定不会时时待在庙里，有时，去谁家吃酒去了，或者，找一块地儿晒着太阳听听鸟叫。

过路的农人说，这庙也叫山神庙。想起《水浒》里“林教头风雪山神庙”，那庙破陋，也和人亲，花瓣大的雪下得正紧，林教头吱呀呀推开了庙门……

这庙没门窗，庙里，阳光整齐地划出两半明暗。杏花簌簌地落进来一些，没门窗，土地爷刚好眼界开阔，一眼就看见远远的那几层山。最近的山叫歪山，为啥叫歪山呢？农人说，大概是贱名好养。听起来，和人一样。歪山上开满杏花，花儿开得正盛，满山的粉白。杏子成熟还早，就给土地爷先送来些花瓣儿，还有好闻的香气。

歪山四围，连绵着层层叠叠的山，山不高，温和地围成大半个圈，刚好把村子安稳地放在山中间。从土地庙望过去，一村子的好阳光。

狗

村子叫黄坎村。村子不算大，几百户人家。村子中间隔着一条宽敞的路，大车能进来，于是，外人很容易进到村子里，村子也可以通到很远的地方。

鸡鸣狗吠，鸟儿啁啾，猫在墙头蹿来蹿去，村子总是亲切温暖。女人们隔了矮土墙拉话，手里做着活儿。

傍晚，一个农人狠狠地扽着两根粗绳，绳子上牵着两条黄毛大狗，人和狗，都气咻咻地，瞪着眼睛，喘着粗气。主人说，看我回去怎么戳你们的皮，墙那边的人笑呢，说，小心回去它们吃你的肉。原来是两个狗用身子搭了梯子，翻墙跑出村子去撒野了。路边，汪汪汪议论看热闹的还有毛色不同、模样各异的小土狗。

狗和人很亲。看家狗就等着傍晚主人闲了时，带它出去遛一圈。白天，主人关了大门，家里剩了它，它甘心，也不冲主人大喊大叫，看家是它的任务。端端到了傍晚，主人饭也吃了、茶也喝了，狗眼巴巴望着，这时，你还要出门闲转，又不带着它，它就很生气，用爪子拍天拍地，大喊大叫。这不，前面那两只黄毛大狗就生了气，主人走了，它们也翻墙走了，它们心情不好，保不准路上会发生些什么不开心的事情，所以主人生气啊，凶凶地把它们往回扽，狗呢，也愤懑着呢。

天黑了，还不着家的狗，没家可回的狗，在月光里，身影幢幢的，见了人也不叫，好像整个村子都是它们的家，好像和每个人都熟识一样。有的铺着爪子早早地睡了。

这地方兴吃狗肉，但家里养了狗的人，大都不吃。挨近公路的几家饭店，到了冬天，热狗肉卖得很好。于是，就有人来村子收狗，收了狗，再抬价卖给饭店。“收狗，收狗了嘞！”说来奇怪，狗们一听见这吆喝，都不叫了。而且狗们见了这收狗的人，都乖顺得厉害，好像被什么魔法镇住了，也不跑，眼光抖抖的。若是因为老了、多余了或者什么原因，被主人买了，它也不怨愆，只是胆怯、依恋，眼睛里分明露着无奈和悲凉。

我未曾见过收狗的人，但想，那面目那神情一定是我不喜欢的。

狐狸

村里原先有个四百多年前的娘娘庙，庙很辉煌，三层大殿，可惜二十多年前起了一场大火，把庙烧了个干净，就剩了庙门口的一棵老树。那天去看了，现在是村委会的办公地。门口的老槐树，空心了，还活着。旁边躺着几块字迹模糊的碑。还能从新房子上找到几根旧时的椽子，椽头彩绘，露着沧桑的华丽。

先时，人们去娘娘庙祈福。看不见娘娘神，但能看见狐仙。人们拿狐狸当仙，谁都不伤它们。后来，不见了狐狸，有些人就顶狐仙，帮人消灾祛难。十几年前，村里还能看见狐狸，白色的狐狸，常常在夜晚，忸忸怩怩地在路上走，也不避人，望望人，算是问候。

人顶了狐仙真能降妖吗？有人说是能的。

一家的儿媳妇有一天突然发病，一张口，说的全是她老公公生前爱说的话，声气也和老公公一模一样，喊着要抽烟要喝茶的。说他住的地方破了个洞，往里漏雨，冬天，风刮了进去，很冷，还有树叶子落进他的房子。那家的儿媳刚过门，从没见过老公公的。请来大仙，一忽儿，狐仙上身，开始作法，大仙这样那样地说着，声音像从身体底子里抽出的一根细线，悠荡着，一会儿咽了下去，一会儿飘到了天上。奇怪的是那眼神也成了狐狸的眼神，幽幽地。那家人按狐仙的说法，去坟头收拾了几下，儿媳渐渐缓过神来，然后沉沉地睡去。醒了，问她，什么也不知道，只说很乏很乏，连端起杯子的气力都没有。

——也不知是真是假。

顶狐仙的人有狐狸一样的眼神，到底是怎样的幽幽的眼神呢？狐狸常常是既仙又妖，真是怪异，想想似乎又有道理，仙气与妖气，有时是有牵连的。

在村子的好几个晚上，一个人在田边走，轻风习习，月色正好，想着若是摇摇曳曳走来一只白狐，多好。

小席

小席三十多岁，姓席。杨柳细腰，说话柔柔弱弱的。在村子中间的那条路上风摆柳地一过，谁都认识她。村里人都叫她“小席”，怎么这样文雅的称呼？因为她爱看书，爱写文章，大家觉得这名字文雅得还不够，好些人觉得该叫她“小溪”才对。小席曾在网上的一个电台里播一个节目，叫“满庭芳”，每晚八点开播，专讲村子里有趣的事儿。小席的开讲词是“给你讲个好玩的”。那天，我们一起下山，坡陡，我们相互搀着。小席说，给你讲个好玩的。

小席讲，我们村一个小伙子要出远门，他娘给他烙了一个厚厚的大饼，小伙子一路上舍不得吃，刚好走到这坡上，饼从包里滚出来了，小伙子急得大叫，娘的饼！娘的饼！下坡的人一听这叫声，都乖乖儿给那饼让出一条小路，饼就一顺儿滚到山沟里去了。

小席再讲，还是在这坡上，我们村的一个人啊，他骑自行车下坡，车闸突然失灵，他急了，在自行车上大喊，拦住的

100块！搡倒的50块！等他一直翻倒在山坡底下，人们才明白过来他说的话……

小席在西北一个工厂大院长大，十年前嫁到这里。农活干得不熟练，就在家里开照相馆，还带复印、打印业务。她懂电脑，谁家的电脑出了问题，都来找她。小席不熟悉地里的活，但熟识地里的野菜，从春天地上生出第一株野菜开始，小席就开始挖野菜吃野菜，荠菜、苦麻、蒲公英、野葱、苦蒿，一直挖到夏天的水芹、野韭菜苔。小席说野菜有儿时的味道，叫她想起西北的家。

那天，跟着小席挖野菜。啄木鸟的尖嘴啄着树干。不远处是小席婆家的祖坟，才过清明，上了新土。坟堆旁边立着一排高高的杨树，树杈上架着好几个鸟窝，鸟儿飞出飞进，阳光里，暖暖的小家。

栗树枯着也好看，瘦瘠的枝杈，天空做底子，每一处都是造型。

地里种的豆子、谷子还没有整整齐齐地绿起来。靠近山地，是大片大片的栗子林、核桃林。大都是几十年上百年的老树，还沉沉地睡着，没一丝儿绿色。栗子树底下还落着些去年的栗子，毛刺疙瘩，挤开来，取出光滑的栗子，剥开，果实干硬，嗅一下，还有密密的甜香。

小席在那边挖野菜，我坐在山坡上往远里望。莽莽苍苍的栗树，让村子显得很沉实很稳妥。风一团一团吹着，一团一团的树梢渐次喧响过去。欢欢喜喜的声音。

栗子成熟的季节，家家忙着打栗子、收栗子。小席的爱人外出打工，一百多棵栗树，一堆一堆栗子，小席一次装两筐，换着往前背，背一筐，往前走一截，放下这筐，再去换另一筐。筐比小席的身体大。一次，小席的爱人从远处回来，远远地看见小席，小席正这样压弯身子挪着筐子，他的眼泪一下子就出来了。

野菜

今年，春天来得晚，天一直热不起来。往年这季节，大部分野菜都吃过来了。

天气一直憋着不热，一热就又热得突然。刚到能挖荠菜的时候，荠菜已经老了。

野菜大都像花儿，贴着地皮开，一朵一朵。白蒿、蒲公英、苦麻。不过，野葱像青草，一丛一丛的。

“正月茵陈二月蒿，三月拿来当柴烧”。白蒿最像贴着地面盛开的菊花，绿叶子一层一层，上面泛着绒绒的白色。正月，它还在地下，叫茵陈，因为是上一年根须的缘故吧。二月，地皮上伸出了蒿，有人还叫它抱娘蒿，去年的根，今年的蒿叶，围成一圈，像偎着娘的孩子。白蒿很嫩，热水一过，放点儿盐，醋、辣椒面儿。吃起来极是清香。多吃了一些，第二日，觉得身上还有白蒿的香味儿。查了书，说是利尿、去火、消炎，特别于女人有利。于是，还吃。

苦麻还是菊科。依旧像贴着地面开的菊花，不过叶子的层次少，叶子的颜色间或杂些暗红。苦麻生洗了，粘面酱，越吃越好吃。从苦里吃出滋味儿来，小席的描述是，刚入口是苦的，再嚼几下，那个香啊，嘴里清爽得很。我尝不出这些滋味，依旧敬畏着苦。小席说，知道苦麻最哲学的吃法吗？凉拌，放糖、盐、醋、辣子。味道十分香，酸甜苦辣，人生种种皆有呢。

蒲公英和苦麻相似，都味苦，都清火。春天，万物复苏，花儿绽开，人不像植物，身体上又不能长出叶子开出花儿，这个季节，人躁动不安，内里的焦火发不出来。这些野菜都是能安慰人脾性的。人与万物相通，万物与人相通，只是人总是不理解罢了。不过，说的是蒲公英的幼叶，等开出一朵朵黄花，黄花上再打出一朵朵蓬松的籽球，叶子就老得不能当野菜了。

野葱青嫩得叫人垂涎欲滴。炒柴鸡蛋，有浓郁的野香。地洼里一片一片，随便一采就大把大把的，来不及吃，切碎腌了，放些盐，几粒花椒就行。西北叫这种野菜沙葱，西北水少，沙葱长在旱地上，很纤弱。不像这里，葱叶子肥厚，还有白嫩的根。

那日，在小席家，炖了条刚捞出的小白鲢，熟了，撒上野葱，绿绿的葱花儿飘在碗里，香味扑鼻。

收狗的人

我未曾见过收狗的人，但听到这样一个和收狗的人有关的事。

这人叫二歪，家在邻村。这天，二歪溜达到了黄坎，也不吆喝着收狗，也不做别的什么。溜达溜达，就溜达进了张百富儿子的理发店，理发店就开在自家院里。二歪进了店，也不理发，只坐在理发椅上和院里喝茶的老爷子张百富搭讪。不知怎的，张百富一直不喜欢二歪，不咸不淡地应了他两句就从后门出了。二歪无趣，快快地要出门，隔了窗，忽地看见了院角拴的一只大狗，那狗是高加索大犬，沉甸甸的一身好肉。二歪出了门，踅过去，见张百富踱进了别家，就大大方方又进了张百富家的后门。院子里静得很，张百富的儿子和儿媳大概在睡午觉。高加索望着二歪，一声也不叫，二歪解开狗绳，拉它出了前门。

张百富家的大狗在二歪手里乖得跟孩子一样，悄没声地跟在二歪脚边。二歪拉着它一转身进了张百富隔壁家的饭馆。老板问，多少钱？二歪只伸出一根指头。一百块，真便宜呢，这么大的狗，卖了狗肉，足能翻好几倍的钱。可老板害怕，从没杀过这么大、面相这么凶的狗。二歪说，我来。二歪说着，就提溜着拴狗绳往楼梯上走，二歪不紧不慢上着楼梯，不知怎么，只听腾的一声，那狗一声没吭，就已经四爪离地悬在空中给吊死了。老板端的觉得这二歪可怕，那么大那么凶的狗，临死都不敢叫一声，就赶快给二歪数了钱让走人。老板欢欢喜喜，剥了狗皮，剁了狗肉，把肉一块一块泡进了盆里。

再说张百富。他发现狗不见了，真要急疯了，那狗，自小儿在家里长大，就像自家的一个孩子。一家人挨家儿打听，就是没把一墙之隔的这家饭馆放在心上。

再去找打踪的人，卜个吉凶远近。打踪的掐掐算算，说，狗离你家近得很，就怕你找不到活的了。

第二天，张百富一早出门，在门口迟疑着去东去西，眼睛一瞥，在隔壁半开的院门里看见墙上贴的狗皮，是高加索的皮。

冲进去，看到几大盆狗肉在水里泡着。张百富心口子疼得要命。老板看见张百富的神情，立刻明白了原委。讲了事情的经过，拿了一百元就往张百富手里塞。张百富不怪邻居，因为是才租了这院房开饭馆的，也不要那一百元钱，只是一边出门一边不停地回头望着那张墙上趴的狗皮。

张百富骑了自行车就往邻村赶。快到村头时，碰见一个人，张百富打听二歪家。那人多一句言语也没有，只说你跟着我走就行了。走到一家门前，那人说，进来吧。领张百富到后院，说，这四条大狗，一个比一个品种好，你随便牵，哪只都行。

原来那人是二歪的爹。张百富问他，二歪呢？他说，多年不见了。

二歪在外面偷狗杀狗，他在家里替二歪买狗还狗。他说，二歪连只狗都不如。

那二歪到底有什么本事能叫狗那样一声不吭地甘心赴死呢？讲故事的人说，大概他身体里藏着魔鬼，一种叫狗胆颤的魔鬼。或者，他就是一只长成人样的鬼一样的狗。

院子

院子在山脚。山不高，绿茵茵的，给院子送来清凉，还有草的气味。院子里，家家都有个小园子，种菜、种花儿、种树。一定有一两棵结果子的树，核桃树或者栗树杏树苹果树梨树。那家的树直直高高地，高出院墙很多，是香椿树。春天来晚了，树们大都还在沉睡。

喜鹊们的窝暂时还露在树杈上，它们飞来飞去、飞上飞下，大中午的，还不歇息。

北屋三开间，长长一溜儿。中间的是小小的堂屋，不住人，盘个炉灶，冬天做饭、烧热炕。热气一左一右通到东西两间屋子的两个大炕里。炕占了屋子的一大半。来了谁都亲热，来人上炕，炕桌儿一摆，热茶倒上。

晚上，主人说，带你去看城。什么城？就是村子那边的大城。出了院子，走到路的暗处，说，看，城就在那边。那边的大半个天泛着红光。主人说，那里就是北京城，城里的灯一夜一夜映红那边的天。

村子沉入夜色，只显着安静的轮廓，一点儿人声都传到很远。那边的天就让它红着。抬头看，小院正顶着北斗七星。睡炕。夜里，月亮爬过了山头，就挂在窗子上，那么大的月亮，一房子银白。猫睡了，狗睡了，兔子睡了，鸡睡了，就我醒着，一个异乡人，躺着看窗户上的大月亮。

梦里也万籁俱静。多少年没有听过公鸡报晓了，第一个雄赳赳气昂昂的声音响起：喔……喔……喔……大红的冠子抖抖的。接着，村里的鸡唱成了一片。

东方渐白了。

做了手术的驴

多半个下午，老汉和驴就一直在那块地里。驴站着，老汉坐着，都不干什么。太阳下，山的影子一点儿一点儿移到那边的地里了，他们还那样待着，一个坐着、一个站着，像怄气了似的，各生各的闷气。

驴尾巴上缠了白布条，像一根大辫子，觉得奇怪，问那老汉。老汉说，驴才骟了 6 天，伤口还没好。做过手术的那里难受，驴老用尾巴去挠，就得把尾巴上的毛缠紧。驴脖子两边套了木夹板，也是怕它用头去蹭伤口。做了手术的驴，伤口难受，焦躁，但没任何办法。老汉守着，就怕它卧在地上蹭。驴实在

院子在山脚。山不高，绿茵茵的，给院子送来清凉，还有草的气味。

难受，就用蹄子刨土发脾气，老汉拿着细柳条轻轻抽它，怕扬起的土感染伤口。驴不舒服但也无奈，就那样站着，醒一会儿，闭眼睡一会儿。

小蝇子唧唧唧地飞着，花瓣儿一朵一朵飘过去。他俩还是不说话，一个坐着、一个站着，各想各的心事。

驴的额头中间扎一朵红绸子。老汉说，为了老远就一眼认得。做了手术的驴，一心一意地干活，再也不想小伙子想的那些事儿了。老汉家有三四百棵栗子树，都在山那边，务劳那些栗树时，驴走山上的那条小路，把老汉每天驮到山那边去，再驮到山这边来。栗子熟了，驴把栗子一筐筐驮到家里。

做过手术的驴比不做手术的驴能多活 10 年。身体里的一样东西被人摘掉了，驴便更全力地卖命，还要比正常驴多卖一辈驴的命。

吃驴肉吗？问老汉。

老汉说，驴老得实在干不动活了，就叫收驴的人把它收走。一个从早上流汗流到晚上的牲口，哪个能咽下它的肉？

塬上的一家

芦子沟

这次去西海固是冬天，满眼是黄土和嘹亮的阳光。其实，西海固的苍黄是不分季节的，只是，冬天的西海固，裸露得更加彻底。浩浩荡荡的山丘，起伏成一片浩浩荡荡的苍黄，风在苍黄上穿行。车爬上通往西吉的塬，路边，枯了根的骆驼刺抱成团，一疙瘩一疙瘩在地上滚。

芦子沟太过普通，只能算西吉山丘中的一个皱褶。山的皱褶似乎与水有关——再细的水，长年累月，也会像刀子一样，把山割出缝隙来。芦子沟有密密的芦子吗？芦子下面藏着清水吗？

沟顶是一片不大的塬，村子在塬上，人家的田就一层层铺排在沟边的坡上。现在，扬过肥的地，暄软地等着撒种子的季节。也有几块地里铺着冬麦，虚弱地绿着。

沟把村子一分为二。东半个村和西半个村隔沟相望。两边半山沟各有个清真寺。

夜晚残留的最后一点混沌就要散尽，班克（穆斯林清晨祈祷词）带着晨露的气息，在沟里升起来，散开来，托出了芦子沟的一天。

我是跟着阿依舍去沟底饮牛的。牛是最苦的苦力，农闲时节，更得慰犒和调养它。是常下的坡路，牛渴了，在曲曲拐拐的羊肠道上，省去了所有平缓的路线牛几乎是奔下沟去的。阿依舍想等我，牛不等，她扽着牛脖子上的绳子，也跟着往沟底跑。土扬起来了，一会儿，阿依舍粉色的盖头就看不见了。

回头望，蓝玻璃一样的天覆盖着干坼的黄土，有着异样的妩媚和悲怆。坡上零星站着榆树，光秃秃的，树皮像干裂的痂，似乎大些的风就能断了枯脆的枝杈。矮矮的野杏树．蓬着毛细的枯杈，像灌木一样，一团一团，扎在土里。

沟底真的藏着清水。阿依舍说，沟底有一眼不让牲畜靠近的活水，终年不会结冰。攒在沟里的不大的水，冻成一条白绸子，牛刨着冰面喝水。芦子沟的人们都靠着这一眼水解渴。水边稀疏的枯苇轻轻摇着，很深情的样子。阿依舍的婆婆说，这眼水是真主安拉的秘密赐予，真主把水藏在沟底，让人们知道，它经不得一点糟蹋。

和宁夏同心的水比起来，水里的咸味淡了些。我品咂过第一口，不知趣地说，还是有些咸的。阿依舍的丈夫哈各睁大眼睛，愠怒着说，是真正的甜水啊，你再尝！——我不知道，他们把这眼水叫甜水。

牛嘴边冒着热气，解了渴，一点没闲着的意思，转过头，上坡了。牛因为负重才显得滞缓，一身轻装的牛，又喝足了水，脚底下轻快得很。阿依舍不断回头望我。我说，你们先回，我知道路。

塬上的声音清晰地跌到沟里，狗儿们你唤我应，隔着沟扯话儿；还有闲散的牛哞；鸟雀飞来飞去的啼鸣……几个孩子从对面村子跑下来了，说笑声忽东忽西，一忽儿就到了沟底。是姐弟三个，每人手里拿着一本简易的经书。学校放寒假，他们要去寺里学经。

站在沟崖边，风在耳边尖细地叫着，隔着经堂的墙，在风里我也辨出了诵经的声音，礼拜快结束了，经堂里，男人们站成一排，念诵着对安拉的赞词——是唱诵的调声——相对说话，唱诵应该更接近心灵。他们还要虔诚地高举双臂向真主祈祷，再把祈过福的手在面颊上轻轻摩一下。

伊尔古拜眼睛亮晶晶的，我问他可否给我念念这几日学到的经。他一口气念了一大段。他不到 6 岁，一分钟不闲，手背皴得扎人。

伊尔古拜念诵的是《古兰经》里的迎宾词，译解成中文是：

太阳驱散了黑暗，使者给人类带来了喜讯。啊，先知万圣的精华，正直的灯塔引导世人走向光明。欢迎四方穆斯林兄弟团聚，伊玛尼使我们心心相印。

伊尔古拜的爷爷说，“伊玛尼”是阿拉伯文的音译，“信仰”的意思。

伊尔古拜是阿依舍的儿子，他还有个三岁的妹妹。

女主人

阿依舍的婆婆姓杨，一位 63 岁的穆斯林妇人，终日戴着白盖头。见第一面时，她穿着端庄的准拜（穆斯林妇女的长衫）。我跟着当地人叫她姨妈，叫她丈夫姨爹。先前，姨妈娘家有很多地，算是个地主家的女儿，虽不识字，找了一个上过村学的丈夫——姨爹退休前已是小学高级教师。姨妈娘家几十年前就破败了，剩的不多的娘家人四散在各地。

姨妈柔缓慈爱，配护着良好的家风。

她扶着院前的一截土墙等我，怕我迷了路。风扑打着她的白盖头。

姨妈膝下5个儿子，2个女儿，14个孙子（其中5个是男孙），她说男孙太少了啊。迎我进屋，又打开炕头的木箱，取出一盘盘零食，蜜枣、葵花籽、花生、西瓜籽。再拿出饼，和一碟蜂蜜，在饼上抹了蜂蜜给我吃。姨妈说，是野蜂蜜。吃完，又一盘盘收回箱子。姨妈一辈子务农，干不动农活了就带孙子。不停地有分不清名字的碎孩子跑出跑进，她公允地分发他们各样零食。

炕头墙上挂着一串特斯必赫（赞珠），墙上有克尔白图、麦地那圣寺图和经字画。桌正中摆放着《古兰经》。姨爹识经文的。姨妈每日五次，准时无误地做乃玛孜（礼拜）。她很虔诚，目光里总有着一份宁静和笃定。人老时，脸上不时会显出仓皇和忧伤来，她不是，她静静看上我好一会儿，问，你家里几个娃？男娃女娃？

蜜久久地在嘴里漾着。风掀着门帘，院里的阳光很亮，南屋屋顶上是一月前的残雪了，太阳一热，雪水每日都化一些，嘀嗒嘀嗒，落到檐下大大小小的盆罐里。

姨妈娘家的院落，就在窑顶不远。那晚，跟着伊尔古拜去看，已然一个破败的小堡子。姨妈讲过的很多老事情就藏在那几堵围墙里，那一刻，关了一院月光和进进出出的风。它脚下不远，就是姨妈现在老老小小一大家。

那是盘经年的蜂蜜，她不舍得吃，只舔舔筷头，说，甜啊甜啊。

姨爹从寺里回来了。腿不好，要下了沟，爬上坡，到对面那个寺里礼拜。姨爹回来吃晚饭，昏礼就在家做了。

暮色四合。芦子沟的沟峁山崖呈现着它安静的轮廓。寺院里又传出了唤礼，干净悠远的声音在村子上空飘浮。我问姨爹，在呼唤什么呢？他说，大意是，来礼拜啊，来礼拜啊，放下你手中的活儿，一块来赞颂安拉！

两个穆斯林老人在炕头，一丝不苟做着乃玛孜。他们对信仰有着最素朴的认识，伊斯兰教让他们内心平静充实，让他们敬畏坚忍、充满善意。姨妈说做了乃玛孜，一天里身体都会清爽顺畅，心也清明了。

蜂蜜

甘甜的蜂蜜，勾起了我对芦子沟奇异的想象，苍黄干坼也因而变得柔软妩媚。

姨妈家院墙的崖上分布着十几个挖出的蜂窝，像一个个伸进崖里的斗。窝上有小屋檐，像挡雨水的眉毛。姨妈说，花儿开时，成千上万只蜂儿涌来，熟门熟路的，就差给它们打开窝门了。

蜂儿们通人性，专挑家风和气、勤苦能干的人家。

姨妈家的蜂儿在芦子沟是有名气的。来了客，蜜蜂引路，跟着它们，就可找到家。工蜂们出工，成群向鲜花扑去。沟里真的那么烂漫吗？姨妈说，花儿多啊，有榆花、苜蓿花、杏花、荞麦花儿，还有好多好多说不上名字的野花。

蜂儿和人一样，家越来越大，过着过着就得分窝了。分窝的一天，气势浩大。姨妈有经验，能觉察到蜂儿分窝的迹象，蜂儿们纷纷飞出老窝，满院子盘桓。这时，得全家人出动，给蜜蜂指路，让它们找到干净舒适的新窝。又怕它们跑出了院子，找不见路，就在院里漾起细土面子，土迷了蜂儿的眼睛，它们会赶快就近进窝。

赶蜂孩子们进窝时，姨妈嘴里还急切地叨念呢，阿依舍学着：

蜂儿坐坐坐，坐坐坐！

蜂儿上斗上斗上斗！

这是个惊心动魄的场面，可惜我不能亲见。姨妈说，分窝时，蜂儿嗡嗡嗡的声音能响彻几里之外。

荞麦花儿一味素素的紫色，花儿婆婆娑娑散着清香，在西北的庄稼地里，她们很显风情。蜂儿们也喜欢她们喜欢得紧。姨妈说，荞麦花蜜最香。好看好闻的花儿，她的模样儿和香气变成蜜，变成舌头上的滋味，会是怎么个香法呢？

姨妈头上套上网套给我看，说赶蜂儿进窝时就戴上这个。蜂儿辛苦得很啊，一刻也不得消停，人得经常给它扫窝，搞卫生。可是今年蜂儿们都死了，连一斤蜜也没产下。天不下雨，没花儿开。工蜂吃不上花蜜，都乏死在路上了。姨妈脸上显出了恓惶。

我在甘肃静宁农家院落的土墙上，也看过这样的蜂窝，里面塞满杂物，农人说，现在庄稼上洒的农药太多，蜜蜂们死的死逃的逃，院里已经多年不来蜂了。蜜蜂离人越来越远了。

这盘金色莹润的蜂蜜，里面盛开过各种花儿。奇异的是，花香竟能在舌头上漾开。

在这样枯水的地方，咀嚼着这甘美的圣物，叫人动心。

香甜的蜂蜜后面，是芦子沟铺天盖地的花儿。在干坼的西海固，对我而言，鲜花盛开的芦子沟，仿佛梦幻一般。

《古兰经》

这本《古兰经》是同心的穆斯林朋友赠我的。印刷精美，中文译解，阿文对照。姨爹不信我的旅行包里装着经，姨妈也跟过来看。旅行包小，我每天都将《古兰经》放在所有杂物之上。我是汉族，姨爹觉得我对经书过于随意，第一次面露不悦。他说，经是不能随便搁置的。于是，我用双手拿出来，暂时放在柜子顶上。其实，面对书籍和文字，我历来都怀有恭敬之心。

姨爹说，先前有工作队来村上开会，把一本经垫在屁股下坐了，会开完，立马就不能站着走回去了。

我告诉姨爹，我很惜爱纸张和书，食物的油污在纸上渗开，是我最不能忍受的事情。我常想，文字是有灵魂的，它在尘世之上。

姨爹翻开第一页，用阿文读了，说这是每次礼拜时要念诵的话。

那晚，我在床头，看了姨爹念诵的那段阿文的译解。

窗外很亮，芦子沟宁静安谧。走出屋，窑上是一块蓝缎子一样的天，星星璀璨。月亮还没爬过来，但月光映得院子一片银白。今天回想起来，那一块缀满星星的天就一直在塬上这家人的窑上。

我想：仁善、宽容、虔诚，是人类要共有的，是永远能抚慰人心的。

此后，更要像姨爹所说，我凡要打开关乎心灵的文字，必要洗了手，净了双眼，最好再用心在四围洒上这么一地干净的月光。

阿依舍

阿依舍笑起来很好看，眼睛弯弯的。一整天，她都戴着盖头，临睡前，才见了她乌黑的长发。她是姨妈碎儿子哈各的媳妇。按风俗，碎儿子是要和父母一直一起过的。

到傍晚，才能看见哈各。哈各的摩托风驰电掣，一直开到姨妈的屋门前。他回来先要看看姨妈姨爹。哈各在外面忙什么呢？阿依舍说，玩呢。农忙时，哈各是全家最苦的人，早晨忙到黑，这会儿闲了，大家都惯着他。哈各进了屋，吃他媳妇给他温在炉子边上的饭，一边讲这说那。姨妈姨爹不转眼地看着他们的碎儿子，一脸开心。阿依舍静静坐在屋角，抱着女儿，笑盈盈地。哈各面庞棱角分明，非常英俊，阿依舍也是我在芦子沟见到的最好看的女人。住在不远处的哈各的二哥也来了，分不清名字的大大小小的孙子们也来了，晚饭后，一大家在一起坐坐说说，已是惯例了。

一天下来，最辛苦的还有快 6 岁的伊尔古拜，从一睁眼忙到这会儿，累得实在坚持不住了，就先在热炕上睡了。早上，天还黑着，不用任何人叫，伊尔古拜就去寺里学经做礼拜去了。回来吃了中饭，再去玩耍、学经、做礼拜。他那沾满泥的小布鞋就烤在炉子边上。每天下几次沟他就要耍几次水，之后，走一路耍一路土。伊尔古拜最不喜欢妹妹跟着，他说，路还走不稳呢。伊尔古拜脏着小脸就睡着了。哈各说，调皮啊，最多的一天能挨五顿打。不过，阿依舍是不舍得打他的。

一大家的一日三餐都由阿依舍计划着做，饮牛也是阿依舍的事。闲时，她坐在院里的小板凳上，晒着太阳给伊尔古拜做

走出屋，窑上是一块蓝缎子一样的天，星星璀璨。月亮还没爬过来，但月光映得院子一片银白。

布鞋。阿依舍识的字还没有伊尔古拜的多，她说她只上到了小学二年级。

吃饭时，见不到阿依舍，来了客，她只能待在厨房。

这天，哈各骑摩托带阿依舍和我去赶集。一个又一个陡坡，哈盖的摩托飞快。我紧紧抱着阿依舍的腰，可阿依舍怎么都不好意思搂哈各的腰。阿依舍没在集上转，她去了乡卫生院。晚上，阿依舍偷偷告我，她取了环，还想生个男娃，昨晚和家人商量过了，姨妈非常赞成。

阿依舍话少，可我看得出，那一整天，她走起路来格外轻快。

充实的窑

一进院门，就闻到了煮洋芋的香味。姨妈掀开厚厚的木锅盖，哄，热气散开，满满一大锅白生生的洋芋片。洋芋片很甜，煮之前，姨妈化了糖水洒到锅里的。她又拿出那碟蜂蜜，要我抹在洋芋片上吃。我没有接都阿，没有感谢安拉赐予这样丰美的食物，甜上怎能加甜？执意让姨妈把蜜收起来，我虽不是回族，但在摆着经的屋子，我想，这样的奢侈是一种罪过。

西海固，世界上最干涸的地方之一，靠着上天的甘霖，这样的土地竟生长出这样味美的洋芋。在芦子沟，东西两半个村，坡上洋芋花开，一片一片也很壮观吧。

临走那一日，哈各执意要我去看看他家的窑，表情有些神秘。他说，快一百年的窑了啊。窑就在有蜂房的那面崖里。借灯光看，我吃了一惊，满满当当一整窑的洋芋啊。窑足有十米深，里面是哈各一家去年一年辛苦的果实。哈各说，现在洋芋价贱，到了春上，洋芋价格高起来，就可以拉到集上卖了。芦子沟的洋芋味道好，好多外地人在集上等着收呢。这一窖洋芋，三马子要足足跑十几趟。阿依舍紧贴在我身后，从我肩头看那些果实，她悄声说，能卖好多好多钱呢——窑放大了阿依舍声音里的喜悦，抖抖的。

有过苦难经历的人大都不会将幸福轻易示人，再大的幸福里也藏着惴惴不安。芦子沟靠天吃饭，谁知道，新的一年是否还有这样的收成——姨妈和姨爹并不知我看过了那个充实的窑。

屋檐上的雪水，嘀嗒嘀嗒落到檐下的盆罐里。太阳照亮了那面白净的崖，崖里藏着充实的窑。芦子沟安安静静，姨妈在屋内做着乃玛孜，我想，她的祈祷和赞念宽阔无边，包容着这窑，窑里的丰收，包容风雨、上天土地、她远远近近的亲人……她富足得很，她没有走出过西海固，但在这个小小的院子，什么样的幸福都有了。

血牡丹：另一种镌刻

一

就像一条不断分岔的路，在叙说的途中，分岔滋生。而我原是要说一块碑，确切地说，要说发生在这块碑上的一个事件。

二

碑最先紧邻一条古老的大河。

在黄河中上游，有一处驰名边塞的关隘——金城。因一南一北两大山脉的夹峙，一个逼仄狭长的河谷险居古丝路要道，渐渐地，此处由一个军事关隘繁衍成了一个城池。狭仄的河谷之城，加上天堑黄河，因其固若金汤，人们称其“金城”。

“金城”便是今日兰州的旧称。我喜欢“金城”二字，使它读起来有隐忍的金石之声，字样看起来坚不可摧。

崇祯十六年，一场雨倾盆而降，雨水恣肆，河浪滔天，黄土高原上，这个命里缺水的城池，渴迎每一场大雨的样子，都像在喜极而泣。

但有人说，这场罕见的大雨泼洒在秋冬之际，是一个预兆。

还是从这里说起吧。

公元 1908 年，芬兰人马达汉姆的马蹄敲响了兰州城里的青石路。一年多前，这位后来在二战中任芬兰三军总司令的“科考者”骑马从中亚进入新疆，穿过了茫茫戈壁和甘肃的河西长廊，陪伴他的仅是几个哥萨克随从和一个任性的翻译。长风浩荡，炙热荒寒寂寞令他憔悴不堪。当哒哒马蹄敲开了兰州城门，扑面而来的尘世气息几乎让他热泪盈眶。正赶上旧历大年，熙攘的人流、喧嚣的社火炮仗、盛大的阅兵典礼，令他的相机镜头目不暇接。作为我对兰州最早的最富民间气息的怀想，马达汉姆在兰州拍摄的诸多照片成了我个人忆识兰州的牢靠凭据。在彼时的兰州人不曾知晓的照片中，那些逼真的人事、情景交融，常叫我有一种时光穿梭的恍惚之感。陕甘总督衙署前一个平常的早晨、坐在高厚的院墙上看社火的有钱人家的女人、正在修建的“天下黄河第一桥”……每一张照片都让我怀想。我还发现，马达汉姆的镜头对兰州女人尤感兴趣。在除夕的阅兵典礼上，马达汉姆再一次看到了大面积的女人，他在日记中写道：一长排达官贵人把他们漂亮的女眷从牢笼里带了出来，屋檐下挤满了花枝招展的盛装妇女……她们透过棉纱相互审视着她们的华丽头饰和衣着。（《马达汉姆西域考察日记》）马达汉姆把兰州达官贵人家的高墙大宅称为“牢笼”。之前，他还在镜头里定格了坐在院墙上看社火的一排女人，她们身着绚烂的绸缎，珠光宝气，唇红齿白，像探出高墙的一朵朵鲜美的花儿。对中国封建王朝的妇女，马达汉姆的确深怀好奇。几个月前，在新疆阿克苏，他拍摄了阿克苏镇台的两个美丽的妻子，她们专为远道而来的马达汉姆表演射击，绫罗绸缎玉佩琳琅的她们英姿飒爽，“她们向 180 米远的目标射了二三十发子弹，个个中靶。”（《马达汉姆西域考察日记》）不过，她们只能坐在地上射击，因为裤腿中露出的是一双粽子似的裹脚。

说到裹脚的西北女人，我想起清朝李渔《闲情偶寄》里的一段文字：“予遍游四方，见足之最小而无累者，莫过于秦之兰州……兰州女子之足，大者三寸，小者犹不及焉，又能步履如飞，男子有时追之不及。”兰州女子迈着三寸金莲、健步如飞。

说回兰州城。

我对古兰州城池具体样貌的认识，来自晚清一幅民间画师的设色山水画——《金城揽胜图》，图上，兰州城垣方整坚固、黄河紧邻城北汤汤流过，城内寺塔林立，肃王府端庄森严。正是四月光景，城外的南山上，梨花堆雪、杏花如云。

历史上，一次巨大的火灾，发生在《金城揽胜图》中四方城池的东北一角。光绪元年（1875 年），左宗棠在东郭城门内建火药局。建造者仿佛洞悉天机，有意让火药局紧邻黄河，并将靠着黄河的北墙和紧接郊区的东墙修建得很薄，而将靠南靠西的围墙修筑得厚实坚挺，这样做，是为了尽可能减少火药库意外爆炸带来的损失。爆炸真的来了，六十年后，1935 年秋末的一个下午，一声巨响，东关火药库爆炸，尽管瞬间崩裂的北墙东墙极大缓冲了爆炸的威力，但二三华里之内的房屋全被震毁，唯剩一个寺塔岿然不动。大火烧至次日凌晨方熄，满城悲声，死伤六百余人。

那个在爆炸中巍然矗立的塔叫白衣寺塔，是明朝肃王为求子所建，在旧时又被称作求子塔，而今它醒目地矗立于兰州市博物馆院内。

明朝朱元璋在改组国家中枢机构的同时，封诸子为王，让他们“控要害，以分制海内”，达到“屏藩王室”的作用。据《皋兰县志》载：“明太祖定鼎，以西北辽远，命少子屏藩肃土，赐名二十字：瞻禄贡真弼缙绅识烈忠曦晖跻当运凯谏处恒隆，以示传世久远”。肃王共传九世十二王，历251年，至“识”字而终结。

肃王府从河西走廊建有著名大佛寺的张掖迁址兰州，或许深受河西宗教氛围的影响，藩王们各个好佛道。加上偏远于京都，闲来无事，多个肃王又喜好金石书画。肃王府迁到兰州后的两百多年，一代代肃王按照皇帝赋予的“下天子一等”的规格，不断修建美化着兰州，渐渐地把兰州城修建成了《金城揽胜图》中的大致模样。从图上可以清晰地看到，肃王府紧邻黄河，院内花木扶疏，假山崔巍，亭台楼阁错落有致。后来，它就是当年马达汉姆到兰州后时常出入的陕甘总督衙署，今天的甘肃省政府所在地。肃王府东北，是王府的后花园，这里更是花木葳蕤，肃王和妃子们在此处休憩游玩，妃子们的笑声姹紫嫣红，让这个苍老干坼的金城显出别样的姿色。后花园北城墙上，有一幢拂云楼，高可擎天，楼下黄河滔滔。楼上立有一碑，上有主持刻制肃本《淳化阁帖》的肃宪王朱绅尧的诗一首，今天，碑身剥泐，许多字迹残损，诗文已很难辨读。碑面除“肃藩翰墨”“磐石之宗”两个印章清晰可见外，碑上仅存60余字。碑文原为七律一首，一些专家经过仔细辨认推敲，弥补了这首题为《次司马太恒吴老先生韵兼送之甘州》的七律：

边城春柳解婆娑，别殿香风舞彩罗。
白简暂违双凤阙，丹衷直上五云阿。
平戎漫讶龙堆远，策马频从鸟道过。
最是识荆离乱后，不堪回首阻关河。

一首雄气十足的边塞诗，和金城的氛围相投。我最喜“策马频从鸟道过”一句，写出了畏途中的孤绝和胆寒。

我要说的事件便与这个碑有关。

三

崇祯十六年，那场下在秋冬之交的瓢泼大雨，果然是个预兆。

这一年，李自成和他的兵马在大明朝的疆土上所向披靡，他几乎在以机械化部队的速度驰骋南北。正月，李自成在襄阳称“新顺王”，十月，攻破潼关，占领陕西全省。李自改长安为“西京”后，命大将贺锦继续向西。

大兵朝兰州逼近。

李自成，这个残忍粗鄙的武夫，与甘肃渊源深厚。据说，明朝以前，他的家族就是由甘肃迁徙到陕西米脂。1629年（崇祯二年），李自成背负人命逃至甘肃甘州。同年，他在今天的兰州榆中县，发动兵变。后来，他与张献忠结怨后，分军再次西走甘肃。他与甘肃最后的牵连表现为一个传说，传说他并未蹊跷地死于非命，这个一代枭雄最后无奈地装扮为和尚，投靠到兰州榆中青城他的叔父李斌家。榆中青城，濒临黄河，昔日盛产水烟，是丝绸之路的一个重要码头。而今，青城确有一脉李氏，有关李自成的传说，今天的青城人正在叫它日益枝繁叶茂。

崇祯十六年（1643年）的肃王是朱识鋐，就是那位在拂云楼上立碑撰文的肃宪王朱绅尧的嫡长子。朱识鋐命运多舛，他于天启元年（1621年）袭封肃王，袭封之时正值明末农民起义前夕。随着起义军日渐壮大，威震西北。那个与甘肃渊源深厚的“流寇”李自成叫肃王朱识鋐整日胆战心惊，他曾上疏朝廷要求增加藩府护卫，同时加固驻府兰州城。但远在塞北的肃王可能难知详情，当时的朝廷已是自顾不暇。

作为一个驰名边关的军事重镇，兰州在明朝及之前，并未有过特别大的战役。守着固若金汤的城池，明朝肃王们并不着意于军事，而是倾心于佛道或金石书画。在白衣寺求子塔满身的悬铃声中，他们祈愿子嗣丰盈，祈愿无穷尽地享受皇家的恩宠，祈愿一代代钟鸣鼎食。酷爱笔墨书法的朱识鋐继承了父亲的事业，其父过世后，他接手刻制《淳化阁帖》，历时 7 年，终于完成了这部法帖，并作跋其上，赞其“新旧不爽毫厘”。这部法帖就是被世人称道的肃本《淳化阁帖》。

大约是公元 1632 年的一天，肃王府内，年轻气盛的朱识鋐一时兴起，在一张长约 6.57 米的白宣上，笔走蛇龙，一气呵成一篇草书《千字文》。那是汪洋恣肆的墨渍在大幅宣纸上的豪华阵仗，洒脱瑰丽，运筹帷幄，悬腕间没有丝毫的犹疑。而今，在求子塔畔的兰州博物馆，肃王朱识鋐的《千字文》长卷手迹，隔着几百年的时光，仍旧散发着满纸的豪纵气。

但叫肃王胆寒心惊的时刻来了。1643 年（崇祯十六年）冬，贺锦的大军兵临城下，据说因为来势凶猛加上肃王府内发生了哗变，贺锦不费一兵一卒，轻易拿取了这个千年关城。

兰州被攻陷了。

初读这段历史，我在这里没有停留，我有意继续探究之后的明史，看中国中西部内陆如何在李自成铁蹄下继续乱作一团。后来，我的目光好长时间停留在一处，那就是兰州被攻取一年后李自成在山西的代州一战。

1644 年（崇祯十七年）1 月，李自成东征北京，在沙涡口造船三千，渡过黄河，攻下汾州、阳城、蒲州、怀庆。3 月 13 日，攻克太原，在太原休整八天后，攻克忻州。李氏部队排山倒海似的抵达代州，出乎预料，他遭到了强烈反击。这段熠熠生辉，有着金刚钻气质的一小点历史，醒目地镶嵌于孱弱萎靡的统治者的明史中，令我敬畏不已。

双方实力相差实在过于悬殊，总兵周遇吉凭城固守，两方大战十余日，周遇吉终因兵少食尽，退守宁武关。在宁武关，他依旧百折不挠悉力拒守，最后火药全部用尽。守门被克后，周遇吉继续在街巷中奔袭，他牺牲时，如同一个巨大的刺猬，遍身插满箭矢。同时，他勇毅的夫人率妇女二十多人爬上屋顶向敌人射击，几乎是以卵击石，她们全部被活活烧死。李自成攻克代州、宁武关，伤亡惨重，前后战死将士七万余人，怒不可遏的李自成下令屠城，“遂屠宁武，婴幼不遗”。

明知寡不敌众，誓死以身殉义，这般的惨烈和壮烈在我眼前总是挥之不去。

我明知周遇吉与肃王身份迥异，身世迥异，但我还是要不断往后探望这段发生在异地的历史。为了什么？

四

崇祯十六年，秋冬之交下起一场瓢泼大雨，雨势如鞭，疯狂抽打着兰州。黄河激浪如奔腾的万千战马，即便隔着厚厚的城墙，轰轰烈烈的涛声在肃王府后花园也听得一清二楚。枯叶被卷着狂风的雨水砸落，地上污泥翻涌。几日大雨之后，兰州似乎显出来了从未有过的疲弱，过早的就有了一年中萧瑟荒芜的气象。雨停了，但狂风依旧无休无止，沙尘弥天。从秀美温润的吴地远道而来的肃王们先前就藩张掖时，就苦于河西走廊长风的浩荡和凛冽，而今到了兰州，他们发现，风势并未减弱，为此，肃王曾上疏京都，继续苦陈兰州自然条件的恶劣。

这一年的冬天提早来临了，春夏草木葳蕤的肃王府后花园每每一到冬天，就显出分外的肃杀来。肃王们依旧有着纤巧的心思，怀念着他们的吴侬软语、小桥流水。就像诸多南国私家园林一样，他们造山弄水，欲把山河尽可能多地搬进自己的家园。黄土高原之上的兰州，山外有山层峦叠嶂，但历代肃王还是不惜重工弄来山石，将它们摆放成嵯峨嶙峋的样子，并将这个“垒石为山，因泉为池，山下洞壑幽远，透迤数里”的后花园称为凝熙园。实际上，凝熙园高厚的城墙外，黄河滔滔高山矗立，那才是真正的大山大河。

肃王们迷恋于摆放小巧的景观营造宣纸上的大气磅礴，这种小胸怀，也表现在《明史》中对肃王的若干记载。多是些琐屑小事，比如永乐六年，肃王府因打死三个卫卒并接受了哈密进贡的马匹，京都责令惩办了一些人；再如肃王“请加岁禄，帝不允”；还有因王位继承问题争论不休等。《明史》对肃王最后的记载仅二十余字：“子识鋐嗣。崇祯十六年冬，李自成破兰州，被执，宗人皆死”。

让肃王朱识鋐提心吊胆的事终于发生了。大兵逼近城下，农民军潮水般涌入这个看起来气象不凡的王府，几乎是瓮中捉鳖，肃王府里惊叫声哭喊声斥骂声军械撞击声响彻云霄。混乱之中，肃王妃颜氏、赵氏、顾氏，嫔田氏、杨氏，率宫人二百余，由凝熙园奔上北城墙，城墙之下就是滔滔黄河。李渔笔下迈着三寸金莲也能健步如飞的兰州女人们，这一刻带着惊惧绝望，以奔命的样子欲要集体赴死黄河。但追兵们撵得实在太急了，刚刚奔至拂云楼下的王妃彦氏，已别无选择，便一头撞向石碑。

鲜血四溅，殷红的血牡丹顷刻绽放在碑上。碑上，先王那句“策马频从鸟道过”原来远没有这般的孤绝。

这几乎是我回望家乡兰州时，所能感受到的最切身的痛楚。二百余妃嫔、宫人，昔日肃王府里柔曼和娇媚的她们，莺歌燕语姹紫嫣红的她们，“刎毙、缢毙，自掷毙，顷刻立尽”，各种在第一时间决绝于人世的方式在这里呈现。我想定，这一刻也一定叫起义军大骇，仿佛训练有素，所有丽人以不同的方式同时诀别了人世。既绝望无助又义薄云天。花团锦簇与暴风骤雨，只有柔弱和暴力的比对。一时间，香魂遍地，满目凄凉，肃王府顿失所有颜色。

大西北特有的刚烈和干爽在这些女性身上显现无遗。古老的金城，因着她们，更增加了激越的玉碎之音。

而肃王的含混和暧昧表现在他最后的结局上。有人说，敌军来临，一位仆人背着他从凝熙园的水道钻出，最后不知所终。还有人说，他在王府被生擒，最后被押至西京被李自成处决。总之，到最后，肃王在兰州，活不见人死不见尸，唯留下一园子他的已然殉命的女人们。

“邦人棺殓诸妃嫔，瘗诸宫人作大冢”。一个掩埋了两百余女子的巨大坟冢，赫然矗立在一片狼藉的肃王府中。

想起山西代州一战，会不会在某些地方叫人生发联想?

触碑而死的年轻王妃彦氏，还有其余女子，没有任何史料对她们有过丁点儿记载。对于这样一个叫人心碎的事件，史书中也是寥寥十几字划过。

我要说的就是发生在碑上的这个事件。

这样的荡气回肠，这样壮烈的两百余兰州女子，而今几乎要在时光中湮没。在我们这个古老沧桑但缺乏历史细节的金城，这样耀人眼目绽放于世的血牡丹为何不为人瞩目？我立意这篇文字时，也想和历史做一个对抗，我不想称这些几乎没有自己名姓的女子为烈女或者节妇，我只想将她们作为我故乡的一群侠肝义胆的苦难姊妹。我也再一次由她们寂悄的身后，看出了中国历史中女性们的无足轻重。

但我不能不为她们所动，我必须写一些文字。这是我多年的一个心愿。

五

当然有叫人动情的凿实的后记，虽然离现在也已久远。

两百三十年之后，清朝同治十二年（1873 年）。

此时，曾经的肃王府已是陕甘总督衙署。入驻总督署的是一位中国历史上的要人——左宗棠。左氏于兰州意义重大。在当时极为闭塞迂腐的兰州，深谋远虑的他先后创办了兰州制造局、甘肃织呢局、并凭军事重镇之地位修建了火药局等。短暂的洋务运动中，他主持西北通商，打破了此前“男不晓经商，女不工纺织”的沉寂局面，奠定了兰州成为西北工业中心城市的地位。正是这位封疆大吏，引领古老的金城在全国率先步入近代工业文明的行列。而今，最让兰州人睹物思人的是数棵遗存下来的苍老的左公柳。

总督左宗棠入驻曾经的肃王府，想必也常登临拂云楼远眺。天堑黄河自西向东日夜不息，对岸山巅屹立一座七级白塔。山脚是气势不凡的金城关、玉迭关、王保保城。

文韬武略的左宗棠也一定无数次细观了立于拂云楼下的石碑，想必最让他感慨的不是一代肃王雄气十足的边塞诗，而是发生在这个碑上的那个惨烈事件。

这一天，细雨打湿了碑身，仿佛隐现的谜底，碑身上的一切和与碑身相关的诸事渐渐浮现。这天，左宗棠起意，要在督署后园建烈妃庙。

据《重修皋兰县志》记载，清同治十二年，陕甘总督左宗棠在督署后园建烈妃庙，并为文记之，曰："一日上北城，过肃王碑，见烈妃所自碎首处，血痕喷洒，团渍缕注。军士告馀，天阴雨湿，其痕视常日加明。精诚所至，金石亦开，曷足异也。"

大西北，盛产牡丹，牡丹开放，如火如荼。与南方纤巧秀丽的花朵相比，牡丹的富足大气和质朴艳丽，正如西北的女子。肃王彦妃撞碑喷洒的血渍，恰如一朵盛开的血牡丹。肃王彦妃，用她的血，完成了另一种意义的镌刻。

左宗棠为碧血碑写下一幅著名楹联：

一抔荒土苍梧泪，
百尺高楼碧血碑。

左宗棠，这位威震西北的封疆大吏，在这一楹联中倾入了他的深情。人们后来随左总督的称呼，将这块碑称为碧血碑。

清光绪元年（1875 年），曾任乌鲁木齐都统的景廉被朝廷调往京畿赴任，途经兰州，看到碧血碑后，也写了一首《碧血碑》：

殉夫兼殉国，生气凛然存。

一代红颜节，千秋碧血痕。

乾坤留短碣，风雨泣贞魂。

凭吊曾悲感，楼头日色昏。

清代进士王烜曾赋有《碧血碑词》一首：

拂云楼，矗城北。下有碑，号碧血。碧不风吹尽，血不雨淋灭。缕缕留殷血，天阴乃赫赫。嗟乎颜与顾，千秋犹芳烈。

苍梧，地名，在湖南境内。典出舜帝南巡死于苍梧，舜之二女洒泪而成斑竹。碧血，典出《庄子·杂篇·外物》：“苌弘死于蜀，藏其血，三年而化为碧。”

碧血碑如今矗立于兰州市工人文化宫院内，高2.3米、宽1.3米。